LA ALEGRÍA DEL ORDEN EN LA COCINA

Roberta Schira

LA ALEGRÍA DEL ORDEN EN LA COCINA

Cambia tu vida desde
el alma de tu casa

Título original: *La gioia del riordino in cucina*
Primera edición: abril de 2017

© 2016, Roberta Schira
Publicado por primera vez por Antonio Vallardi Editore s.r.l. 2016
© 2017, Penguin Random House Grupo Editorial, S.A.U.
Travessera de Gràcia, 47-49. 08021 Barcelona
© 2017, por la traducción, Alfredo Blanco Solís

Printed in Spain - Impreso en España

ISBN: 978-84-03-51748-6
Depósito legal: B-2291-2017

Impreso en EGEDSA, Sabadell (Barcelona)

AG 1 7 4 8 6

Penguin
Random House
Grupo Editorial

ÍNDICE

Primer nivel
MOTIVACIÓN Y CONCIENCIA.. 13
El verdadero cambio parte de la cocina: la cocina
es el principio... 15
Los beneficios del orden: breves historias ejemplares;
el ahorro, la limpieza 23
En la cocina manda solo uno 24
Una cocina está ordenada cuando responde a las necesidades
de quien la dirige...26
Si tienes un problema, se nota en tu cocina 28
Haced limpieza: antes de empezar a ordenar, sacad la basura
mental 35

¿Demasiado orden o demasiado desorden?
¿Cocina mediterránea o cocina zen? 39
Ordenar la cocina pensando en el placer de sentarse
a la mesa 40
Organizar la cocina: mis reglas al servicio de vuestro estilo
personal 45

Tipos de cocinas y tipos de personas 47
Una buena relación con la cocina hace florecer las buenas
costumbres, gastronómicas y emocionales............................49

Los de una manzana y los ardillas 50

Los previsores y los vagos...52

La alegría del orden enseña a gestionar mejor las existencias,

para no quedarse nunca sin ellas; ni sin ingredientes ni sin

espacio 54

Segundo nivel
PURIFICACIÓN E IMPRONTA 57
Los cuatro elementos en la cocina y las áreas del orden

y de las emociones 59

Primer paso: fotografiar la realidad de las cosas.................60

Las áreas de los elementos y de las emociones....................61

Asignad a las áreas de la cocina las áreas emotivas de los cuatro

elementos 62

Tierra...67

Aire..75

Gestionar la despensa...78

Una despensa en armonía 81

Utensilios para ahorrar espacio...83

Cajones y repisas a la vista 85

Agua 89

Los residuos..92

Fuego 97

Cazuelas & company 99

El placer de desprenderos de aquello que no os
hace falta 105

La regla del mes y el limbo 108

Tercer nivel
CELEBRACIÓN, ALEGRÍA, ARMONÍA 111
Trucos de chef 113
Orden en el plato 117
Una cocina que provoca alegría............................. 123
El ritual de los sentidos.. 127

No es una casa si no la conviertes en una casa,
no es una cocina si no la vives con alegría.

PRIMER NIVEL

Motivación
y conciencia

El verdadero cambio parte de la cocina: la cocina es el principio

«No hay lugar en el mundo que me guste más que la cocina. Da igual dónde se encuentre, o cómo sea; siempre que sea una cocina, un lugar donde se guisa, yo me encuentro bien».

En el prólogo de su obra *Kitchen,* Banana Yoshimoto alberga un poco el corazón de este libro. Es en una cocina, durmiendo al arrullo del zumbido del frigorífico, donde la autora alivia sus heridas y se repone de sus pérdidas.

En cierto modo, también fue así para mí. Cuando murió mi madre, yo tenía un año; no recuerdo casi nada de ella. Mi abuela paterna, que se hizo cargo de mí hasta que mi padre se repuso, pasaba casi todo el día en la cocina, y por eso fue allí donde yo encontré mi nido.

Me pasaba horas debajo de la mesa, acurrucada sobre un reposapiés de mimbre, y me sentía protegida y segura. El mundo visto desde aquella perspectiva me parecía más aceptable, y así aprendí a amar aquella habitación, observando los tobillos hinchados de la abuela, que emergían de unas zapatillas algo deformadas. Su voz me llegaba desde lo alto como si fuera una admonición divina, repasando el plan del día paviano: mercado, jardín botánico y vuelta a casa, a preparar la sopa de verduras.

En todas las culturas donde sobre los fogones los ingredientes pasan de crudos a cocidos, surge la necesidad de disponer de un lugar donde conservar la comida y los instrumentos necesarios para trabajarla: la cocina. Supongo que alguna antepasada mía, hace miles de años, se habrá preguntado cómo ordenar el espacio alrededor del fuego y cómo disponerlo lo mejor posible para la siguiente comida. Para mí, la cocina es la casa. Sin embargo, me doy cuenta de que en la cultura urbana, en la que desde sus orígenes se come por la calle, la cocina puede reducirse a una plancha y dos estantes. Y que sobre la desaparición del «hogar» se han expresado antropólogos y sociólogos. Pero no es de estas cocinas de las que nos preocuparemos.

La cocina como estancia simbólica ha mantenido ocupados a psicoanalistas y amantes del pensamiento simbólico: útero materno, alcoba, dominio de la mujer (aunque cada vez menos), lugar de la agresividad en el que se corta, secciona, bate, tritura. Las sociedades primitivas han atribuido durante mucho tiempo a la casa y sobre todo a la cocina un valor sagrado: además, los elementos fundamentales —agua, tierra, aire y fuego— residen en esa habitación; veremos más adelante cómo es posible, gracias al orden, recuperar la armonía con ellos. Para el filósofo francés Gaston Bachelard la casa es un espacio-símbolo que encierra y comprime el tiempo a través de la memoria y la imaginación, y la cocina encarna eso a la enésima potencia. Es interesante su concepto de «verticalidad», donde el techo y las plantas superiores simbolizan el pensamiento, la espiritualidad, la memoria y la función consciente, el Yo; el sótano representa el inconsciente, el instinto y las pulsiones inaceptables; la cocina alberga en sí misma, junto a la metamorfosis de los alimentos, toda transformación psíquica. Es el lugar para compartir, pero también para cambiar de estado. Por eso creo que la cocina es, por definición, la estancia donde se puede obrar el cambio. Y el concepto de verticalidad de la casa me ha hecho pensar en el modo en el que los seres humanos disponen los productos en la despensa y del que ha nacido un método de colocación de la alacena. Pero de eso ya hablaré más adelante.

Una última confirmación la ofrece Carl Gustav Jung, que en *El análisis de los sueños* (1909) interpreta la casa como un símbolo del Yo, como una especie de «piel psíquica». En el sueño, Jung también imagina una casa simbólica: la conciencia es el salón y a medida que se desciende a la planta baja se encuentran las capas del inconsciente. Pero el juego onírico continúa emparejando las habitaciones con las partes del cuerpo humano. Siguiendo esta lógica, toda puerta es una hendidura, un pasaje; las ventanas son los ojos; la sala de estar, el pecho; el baño, el intestino; el desván, la cabeza; el sótano, los pies..., y la cocina, el estómago. Esta asociación mental entre cocina y estómago no es solo biológica, sino que se extiende a la esfera emocional, a los conceptos de convivencia y cambio que hemos visto anteriormente. Es una visión particularmente interesante que apoya mi teoría: si deseas cambiar «por dentro», comienza por la cocina. Al igual que la comida no es solo un conjunto de cifras —calorías, gramos— e ingredientes, la cocina no es tampoco simplemente un espacio de la casa.

Hay quien a la cocina la teme, la sufre, quien es absorbido como por un vórtice, quizá porque en todo caso la cocina es el lugar de la alquimia. Magia significa transformación: no solo lo crudo se convierte en algo cocinado, aquí también lo correoso se vuelve masticable; y lo sanguinolento, comestible; lo salvaje se amansa, el frío se vuelve calor y el animal no muere para siempre, sino que resurge bajo una nueva forma, se convierte en energía y placer compartido. La cocina es la estancia más violenta, solo aquí se manipulan la carne y la sangre, se asiste a la muerte, se manejan cuchillos y se domestica el fuego. La cocina transforma el producto de la naturaleza en algo civilmente aceptable, si bien hoy el progreso de las corrientes crudistas tiende a volver inútil el fuego. Cocinar, partir el alimento y consumirlo en grupo en la misma habitación en la que este ha sido preparado transforma la experiencia en una participación de todos los sentidos. Y de todos los comensales, algo que se puede extender también fuera de las dinámicas familiares. Es más, el alimento se convierte en un alimento emocional y este doble rostro de alimento del cuerpo y del espíritu aparece en toda su plenitud, sobre todo en el lugar en el que se ha realizado el sortilegio de la transformación: la cocina...

Pero demos un paso atrás en la historia. En un principio, la cocina itálica y romana es poco más que un hogar colocado en el patio para que el humo pueda salir por una apertura del techo. Durante el Imperio, es suficiente un mostrador de mampostería, a veces revestido de ladrillos, adosado a la pared para que pueda considerarse un hogar. Alrededor, cualquier hornacina servirá de trastero para establecer una rudimentaria forma de orden.

En la Edad Media y durante todo el Renacimiento, la cocina cambia de apariencia: la familiar y popular toma forma alrededor de una gran chimenea y con frecuencia se convierte en la única estancia en la que se vive de día y se duerme de noche. La cocina de los conventos, de los señores, de los castillos, es una gran sala con una inmensa chimenea que a partir de cierto momento debe permanecer escondida y servir de bastidores para el gran espectáculo renacentista de la mesa.

En la Edad Moderna y en parte de la Edad Contemporánea cristaliza esta doble visión de la habitación-cocina: cuanto más se asciende en la clase social, más lejos está la cocina del salón. Dice Bartolomeo Scappi, famoso cocinero de la corte, de mediados del siglo XVI: «La cocina debe estar más bien en un lugar remoto que público», porque es un lugar peligroso para los huéspedes y «para no molestar a las habitaciones vecinas del palacio con el estrépito que necesariamente se hace en esa».

Y me hace gracia pensar en la arrogancia de muchos cocineros actuales y en la respuesta sarcástica de mi abuela, que decía de un cocinero altivo: «Manténgase en su puesto, vuelva a la cocina con el personal de servicio». ¿Qué habría pensado del hecho de que hoy desde sus cocinas algunos pueden mejorar el mundo?

Por otra parte, está la cocina-alcoba del pueblo, presente sobre todo en el campo y en la pequeña burguesía. El ama de casa plancha y cose mientras los chicos estudian y la cazuela borbotea sobre el fuego. Era la habitación más cálida de la casa, donde el sábado se ponía la tina para la colada semanal y donde se bañaba uno. La cocina donde resuenan el frufrú de los tejidos planchados, las páginas volteadas, los ronquidos del abuelo sentado sobre el sofá, la charla de los chavales. Esta cocina no deja de vivir más que unas pocas horas a mitad de la noche hasta que se acerca el alba y hace falta que alguien abandone el calor de la manta para preparar el desayuno de todos. Por lo general, es la mujer quien se levanta para cuidar en su reino al hombre de la casa, que aparece al olor del café. Ya sé que las neofeministas (¿no lo soy yo también?) fruncirán el ceño. Sin embargo, era así. Y no es que sea muy distinto hoy en las afueras de las grandes metrópolis y en el sur de todos los países. Mis hijos, mi marido y mi suegro me dijeron un día: «No queremos que te levantes tan pronto para preparar el desayuno; lo haremos nosotros, por turnos». ¿El resultado? Se dejó de preparar el desayuno en casa. Y ver mi cocina desierta por la mañana me entristeció hasta el punto de que volví a levantarme antes que el resto para preparar el desayuno. ¿Mujer esclava o dueña de la cocina? Para Piero Camporesi *(La terra e la luna)*, la cocina es un «edén primitivo donde las mujeres-madres-cocineras-sacerdotisas mantienen plácidamente sometidos a los hombres-bebés».

Para muchas mujeres, hoy la cocina ya no es el hogar doméstico, del que se sentían a la vez esclavas y dueñas. La cocina es de quien la vive, la usa, la ensucia, de quien allí come. La cocina contemporánea es la cocina que recupera su centralidad dentro de la casa; pero esta centralidad puede exagerarse hasta el punto de transformarla de algo vivo en algo muerto, como esas cocinas asépticas y supertecnológicas del *homo restauranticus* del que habla el estudioso Robert Appelbaum. Derribados ya símbolos de estatus como el reloj y el automóvil, ahora le llega el turno a la cocina, una cocina inmaculada porque se va siempre al restaurante para no ensuciar y no desgastar los estantes. Si no dispones del carísimo horno de última generación, no eres nadie; y no importa que no lo sepas usar. Si no posees un mini abatidor, el *kit* para cocción a baja temperatura, la amasadora con pc incorporado y la licuadora, tu cocina está verdaderamente *out*. En el extremo opuesto está la cocina abatible, pocos centímetros en grandes salas de estar que esconden cazuelas y cacharros detrás de una pared de acero. *Puf*. Tan desaparecida como una luciérnaga por la mañana.

Y en medio de estos dos extremos opuestos estamos todos nosotros. Los que tenemos cocinas humanas, más o menos ordenadas. Cocinas relucientes o magulladas, nuevas o heredadas; desgastadas, incómodas, poco funcionales. Cocinas húmedas, oscuras o luminosas, baratas o lujosas. En resumen, está todo el resto de la humanidad y de sus cocinas.

Muy bien, diréis vosotros, está muy bien ver cómo nos explican todos estos matices simbólicos, antropológicos, históricos e incluso metafísicos de la cocina; sí, pero nosotros debemos enfrentarnos a la dura realidad.

Debemos enfrentarnos al sábado por la tarde, cuando ese pobre espacio queda invadido por quintales de comida que debe ser limpiada y almacenada para toda la semana, para acabar devorada por hijos adolescentes...

Debemos enfrentarnos a las manías encubiertas de la niña de once años, que parece haber nacido solo para esconder cáscaras de plátano en el cajón de la cubertería... Y eso por no hablar del abuelo, que tiene como único objetivo dejar temblando las reservas de chocolate y ocultar los restos sobre los estantes más altos, donde, al florecer el primer cerezo, se transforman en un pegote...

Debemos enfrentarnos a la madre déspota, que, a quien ose tocar la comida, ¡le amputa un dedo!

Debemos enfrentarnos al compañero maniaco-depresivo, al que si le desplazas un agarrador de horno un centímetro se arriesga a sufrir una crisis de histeria...

Los beneficios del orden: breves historias ejemplares; el ahorro, la limpieza

En resumen: «No lo entiendes —me diréis vosotros, lectores—, porque no conoces a mi compañera de habitación; porque no conoces a mi novio, maniático de la limpieza, que ladra si apoyo la cucharilla del té al lado del fregadero; porque no conoces a mi pareja, que pretende que empaquete la basura antes de separarla y tirarla... No puedes entender lo que significa vivir con un celiaco maniaco-depresivo que, si has comido una tostada al volver del teatro, llama a una unidad de desinfectación». En resumen, querida autora, la vida aquí, en las cocinas domésticas «normales» queda muy lejos de Bachelard y de Jung, y es siempre bastante dura.

Pues bien, os entiendo, queridos lectores, y por eso he pensado en escribir este libro. Os diría que podemos considerar las reflexiones contenidas en esta primera parte de la obra como una especie de preparación espiritual al verdadero orden. Orden que consistirá en una serie de consejos prácticos, muy sencillos de aplicar si antes hemos superado los pasos previos preparatorios. Sin ellos, no seremos nunca capaces de entrar en esa habitación en calidad de amos, y seguiremos sufriendo sus consecuencias mágicas.

Por todo esto, ahora os revelaré la primera regla, definitiva, irrenunciable y decisiva, para ordenar la cocina. El primer mandamiento, el *arché*, el origen de toda teoría de organización de esta estancia específica. El axioma, sin la aplicación del cual toda tentativa de orden fracasará lastimosamente. La regla, lapidaria e infalible en toda su simplicidad, como todas las reglas geniales, es la siguiente:

En la cocina
manda solo uno

Esta es la única *conditio sine qua non* para empezar bien. Que luego este «responsable de la cocina» sea una madre, un abuelo o un compañero de universidad, y que este jefe elegido por unanimidad o de forma natural decida adjudicar los espacios o los deberes dentro de la cocina, distribuir los roles o establecer una jerarquía, todo eso será no solo lícito, sino aconsejable. Al decir que es necesario que solo mande uno, no pretendo dar a entender que este deba ser necesariamente la misma persona que cocina para todos, si bien eso sería lo más sencillo. Lo que sí es cierto es que hace falta un verdadero líder, alguien que sepa organizar los espacios y sea capaz de mantener la organización y la gestión de los mismos.

Que la figura de referencia deba ser estrictamente solo una es una tesis demostrada por el hecho de que en los grandes restaurantes premiados de todo el planeta existen una inflexible jerarquía, una distribución de las tareas y una severidad feroz con quien elude o se sale de su papel. Aunque, obviamente, ser el jefe no significa ser un cacique ni un tirano con los otros miembros de la familia, sino ejercer el rol con una autoridad legítima, reconocida y democrática. Un comandante firme y unos subordinados que colaboren: ese es el secreto de una cocina perfecta.

Pero el orden en la cocina no lo dicta simplemente el sentido común, no es un conjunto de pequeñas reglas relativas al orden y la limpieza en contraposición al caos y la suciedad. Ordenar la cocina es dar un paso más allá hacia una evolución personal y una mejora de nuestra relación con la comida y con el resto de usuarios de la cocina. Estoy convencida: una organización gradual y sistemática de la cocina se corresponde con un cambio y una evolución del individuo. Con frecuencia significa poner fin a trastornos alimentarios de todo tipo, darle un portazo al pasado y entender de verdad en qué lado nos apetece más estar, si sentados a la mesa esperando la comida o de la otra parte de la barricada, batiéndonos con las cazuelas y los fogones. Cuanto más desequilibrada sea la relación entre la comida y los usuarios de esa estancia, más urgentes y radicales habrán de ser los cambios y mayores serán los beneficios psicológicos.

No es casualidad que en el título de este libro aparezca la palabra «alegría». Su etimología nos conduce al término sánscrito *yuj*, del que deriva también la palabra *yoga*, unión del individuo con el espíritu universal. La alegría que se siente delante de una cocina viva, ordenada y que exprese del todo nuestra personalidad es, en cierto sentido, la conexión entre un ser humano y un cuerpo celeste, y de los seres humanos entre ellos; una dimensión sagrada de la alegría que se ha perdido en el tiempo, sobre todo en la cultura occidental. Ordenar otras partes de la casa no ofrece, en mi opinión, la misma alegría que provoca una cocina organizada y vivida con alegría. Porque solo en la cocina la alegría puede ser compartida con toda la familia y los amigos. Como una gran tarta. No tanto por la comida que allí se manipula y prepara, sino por el hecho de que allí es donde se comparte. De esta forma, la alegría que se produce en esta habitación invade todo el ser y se multiplica en la mirada de quienes entran en ella.

Entrar en una cocina ordenada según los consejos de este libro pero que os permita liberaros para expresar vuestra personalidad os proporcionará momentos de alegría continuamente. Porque la cocina, a diferencia de cualquier otra habitación de la casa, nunca será solo vuestra, como un dormitorio o un baño, la cocina será de todo aquel que la viva gracias a quien la haya ordenado.

Una cocina está ordenada cuando
responde a las necesidades de quien la dirige

Esto significa que mi método del orden no es en absoluto rígido y concede un amplio margen a que lo personalicéis. Lo importante es cumplir los compromisos principales.

Desde que, por trabajo, comencé a escribir sobre la cultura de la comida, a hacer críticas gastronómicas y a frecuentar restaurantes, no hay día que no se me presente la ocasión de visitar una cocina, y he tenido oportunidad de observar y reflexionar sobre el comportamiento que las personas tienen en relación con esta estancia. He podido advertir muchas actitudes diferentes, a cuyos extremos se colocan dos tipos opuestos de individuos: aquellos impacientes por enseñártela y aquellos que desearían que estuvieras muy lejos de ella.

A menudo me ocurre que una amiga o una conocida me invita con toda su ilusión a visitar la cuna de su comida casera. Si supiesen, mis anfitriones, que abrirme la puerta de su cocina significa desnudarse más que mostrarme el baño o el dormitorio, lo harían con menos ligereza. Sin embargo, la mayor parte de ellos prosiguen impertérritos: «Ven a buscarme, te enseñaré la cocina», me dice una conocida a la que me acaban de presentar en un bar. «Venga a mi cocina», me exhorta un cocinerito joven y entusiasta, encantado con su nueva actividad. Lo mismo hace la recién casada, el compañero de piso que ha descubierto los cursos de cocina y el soltero que finalmente se ha decidido a cortar el cordón umbilical y se puede permitir una placa de dos fogones en su estudio. No me hagáis ver vuestras cocinas, a menos que aceptéis que pueden cambiar y vosotros con ellas.

El segundo tipo de personas considera la cocina una parte muy íntima de su casa. Tan privada que difícilmente os harán entrar, o bien porque está desordenadísima y, por tanto, entrando, les desenmascararíais, o bien porque se encuentra inmaculada e intacta como un altar y vosotros, intrusos, seríais portadores de bacterias y, por tanto, peligrosos. ¡Podría incluso daros la ventolera de pedir un vaso de agua! Lo admito: con las personas reacias a hacerme pasar a su cocina, a veces he forzado un poco la mano, usando mi posición de crítico gastronómico.

Lo más interesante es que casi ninguno de aquellos que se ofrecen a enseñarme su cocina se lamenta de cómo está organizada. La mayor parte de los seres humanos no se da cuenta de sus problemas ni de su falta de funcionalidad, lo que les vuelve la vida más complicada. No, esta exigencia surge pasado un poco de tiempo y casi con pudor admiten que la estancia se podría mejorar. Las más reacias al cambio son las mujeres que no trabajan y que pasan muchas horas al día entre las paredes de su cocina. Son autoritarias, y la consideran (con frecuencia) su único territorio de poder absoluto; no toleran intromisiones ni cambios. La mayor parte son estupendas organizadoras, y he sido capaz de aprender muchísimos trucos de ellas. Otras veces, después de los primeros cumplidos, descubro que la cocina encierra diversos problemas; en la mayor parte de los casos son los familiares quienes lo lamentan. Finalmente, están los desesperados. Los habituados a expresar el desorden, del que hablan abiertamente. Los que han perdido el control de la cocina.

Si tienes un problema,
se nota en tu cocina

«Y también en tu dormitorio», añadiría alguno. Estoy de acuerdo: ya se sabe que nuestra relación con la comida y con la sexualidad son los dos comodines del psicoanalista, pero a nosotros, ahora, solo nos interesa una de estas dos habitaciones. Con la primera suposición quiero decir que no podréis afrontar ninguna organización radical de la cocina si antes no os enfrentáis a vuestra verdadera relación con la comida. O mejor: que ordenando la cocina podríais encontraros cuentas pendientes con el mundo de la comida y de la nutrición. En ciertos momentos de la vida la habitación del placer puede transformarse en la sala de los horrores. Al igual que ordenar nunca significa meramente colocar las cosas, ordenar la cocina puede hacer surgir sorpresas inesperadas. A veces también agradables. Obviamente este libro no resolverá vuestros problemas existenciales, pero tal vez sí os proporcionará un método para tomar conciencia. Pero de algo estoy segura, y es el motor que me ha llevado a escribirlo: si hacéis funcionar bien vuestra cocina, vuestra relación con el resto de los residentes en la casa mejorará sensiblemente.

A medida que tomaba cuerpo dentro de mí el deseo de transformar en método aquello que yo había aprendido con mi experiencia de *food-writer* y crítica gastronómica, comprendí que quería empezar a identificar y clasificar diferentes «casos» modelo. Me serán útiles, pensaba, para observar en la vida real si el método que he aplicado durante tantos años de forma casi inconsciente puede convertirse en un auténtico modelo como tal. Curiosamente, para alguien que se considera poco normativa y formada en Psicología, resulta raro escuchar cómo le dicen, durante un té: «Roberta, eres la mujer de las reglas». En efecto, si lo pensamos un poco, esto es lo que hacen muchos de mis libros, desde el que trata sobre casquería al de las normas de protocolo, por no hablar del más reciente, dedicado a las reglas para distinguir la buena cocina. Como es obvio, aunque yo no sea una persona particularmente ordenada, cuando trato una materia siento la necesidad de catalogar, definir, utilizar una metodología científica para demostrar una tesis. En el caso de este libro, la tesis es clara: ordenar la cocina resulta útil para mejorar nuestra relación con el mundo de la comida y con el resto de los residentes en la casa. Al acabar de ordenar, nos sentiremos inundados por una sensación de alegría. Y así lo prueban algunas experiencias que he recogido o vivido de cerca.

Laura tiene 14 años y ha descubierto el amor. Su novio viene a casa a estudiar con ella. Han escogido hacerlo en la cocina porque Laura comparte su habitación con un hermano más pequeño. Mamá Virginia no ve bien la llegada del «intruso» porque a la hora de la merienda Laura quiere preparar galletas, una tarta o una taza de chocolate y esto trastorna el estricto sentido del orden de la madre. Resultado: discusiones continuas, broncas y un creciente rencor por parte de Laura, que en un futuro se esforzará para convertirse, a su vez, en la jefa de «su» cocina; para tomar el puesto de mando, que no habrá experimentado en primera persona salvo de manera frustrante. La solución de un buen jefe no puede resumirse en un «No toques estas cazuelas o estos ingredientes, no ocupes este espacio, que es solo mío», o, peor todavía, «Antes de que me lo desordenes todo y me uses las ollas y las sartenes, ya te hago yo las galletas». ¡Error! La solución es: «Esta tarde después de la cena te dejo la cocina para que tú puedas preparar las galletas para el día siguiente, pero con la condición de que me lo dejes limpio y ordenes todo». No hace falta decir que ya no hay ningún novio, pero la serenidad familiar y el rendimiento escolar de Laura han mejorado sensiblemente.

Mientras estaba escribiendo mi libro *Cucinoterapia [Cocinaterapia]*, comencé a seguir la mejoría de Sara, una chica con un principio de anorexia que, además de sus encuentros con la terapeuta, también obtuvo grandes beneficios de amasar y hornear galletas para familiares y amigos. Sin entrar en detalles de este asunto tan delicado, me impresionó una frase que me dijo su madre cuando le pregunté cómo se encontraba Sara. «Tiene altibajos, pero está mejor desde que, de acuerdo con la psicóloga, le hemos pedido que se haga cargo del orden de la despensa. ¿Se acuerda de cuando no quería siquiera entrar en la cocina? Primero empezó a cocinar y después a ocuparse del abastecimiento, y la recuperación parece estar cada vez más cercana».

Tampoco se le puede quitar la razón a Tommaso. Cada noche, al volver de la oficina, pensaba en cuánto le habría gustado encontrarse a su mujer esperándolo delante de una mesa puesta. Ni siquiera le habría disgustado invertir los papeles y recibir él a Ornella con un espectacular cóctel de invención propia. Pero nada de todo esto ha sido nunca posible: ella se negaba a tirar las bandejas y porcelanas de su madre, recién fallecida, y así el mero espacio para poder moverse por la cocina era ya muy reducido. Me esforcé mucho en hacer comprender a Ornella un concepto que para mí es muy simple y claro: si hubiese seguido negándose a compartir los espacios de la cocina, habría sometido su vida conyugal a una prueba muy dura. Le hice fotografiar su cocina un día cualquiera (lo hago a menudo con quien me pide ayuda en las fases previas al orden). Mirar una foto —también útil para quien no ve cuánto sobrepeso tiene— te catapulta a la realidad a una velocidad y en ocasiones con una crueldad muy eficaces. Observamos con una lucidez despiadada las enormes cajas apiladas al lado de la nevera, la cubertería que desborda sus compartimentos, las puertas de las alacenas semiabiertas debido a la cantidad de platos que deben albergar. La muestra de realidad le sirvió. Hasta aquel momento, Ornella no había estado preparada para liberarse y deshacerse de todos aquellos objetos, atenazada por los sentimientos y el miedo. En su caso, ordenar comenzó con un llanto liberador al darse cuenta de a qué había reducido la cocina de sus sueños. «Sin advertirlo, tras la muerte de mi madre, traje aquí todas sus cosas, y su pérdida, que yo no lograba aceptar, me llevaba a acumular objetos y alimentos en la cocina. Ella era una estupenda cocinera. Pero yo estaba destruyendo mi matrimonio». Sería muy simplista decir «... y vivieron felices...», pero lo cierto es que tres meses después Ornella volvió a utilizar la cocina, y no como almacén de recuerdos y altar monumento a su madre fallecida, sino como lugar compartido y de encuentro con su pareja y los amigos de ambos.

He relatado este caso para introducir otra categoría de comportamientos relacionados con la cocina y que impiden el orden. Muchas personas padecen un trastorno de la personalidad que consiste en la acumulación de objetos, demasiados, cuando no en agotar el espacio vital que encierran las paredes de una casa: son acumuladores en serie. También son, por lo general, personas vivaces e inteligentes —hasta Andy Warhol sufría este síndrome— y no suelen alcanzar niveles de una verdadera patología. Almacenan objetos, ropa, pero sobre todo papeles. Aunque es menos frecuente que acumulen exclusivamente comida, os aseguro que también existen muchos de este tipo, si bien no suelen presentar niveles patológicos. La mayor parte de las personas que compra demasiada comida adquiere compulsivamente también objetos relacionados con la cocina: utensilios, cazuelas y adornos. En resumen, la cantidad de cosas amontonadas en dicha estancia la vuelven casi impracticable. También me ha sucedido encontrarme casas moderadamente ordenadas en las que solo la cocina presentaba problemas.

Creo que está ocurriendo lo que nos suele suceder al leer la descripción detallada de los síntomas que acompañan a una enfermedad: inmediatamente los identificamos y, si nadie nos desvía de este arrebato de hipocondría, comenzamos a sentirlos también nosotros. Tener una cocina llena de objetos y alimentos no os convertirá en acumuladores en serie. Todos sufrimos la enfermedad consumista que nos lleva a comprar más de lo que nos hace falta, pero la diferencia entre la propensión al consumo y la patología es la incapacidad real de prescindir de los objetos.

En el origen está casi siempre la pérdida de afecto, haber sufrido un divorcio o una desilusión emocional en la infancia. Los vacíos pueden llenarse de muchas formas, ocupar todos los espacios de la cocina y de la casa es un modo cada vez más extendido, y con frecuencia me he encontrado cocinas asfixiadas que pedían ayuda. Los verdaderos acumuladores en serie no os permitirán siquiera entrar en su casa, y no es mi deber diagnosticarlos ni describir terapias; sin embargo, sí puedo afirmar que, sin que fueran casos evidentemente patológicos, he visto muchas cocinas que mostraban indicios de este tipo.

Al margen de estas experiencias al límite, existen muchos otros casos de simple pereza o incapacidad organizativa que han sacado provecho de mis consejos. En estos y muchos otros ejemplos, los efectos beneficiosos del orden se hacen sentir pronto.

Para concluir, no debemos olvidar que entre los beneficios de ordenar la cocina se incluyen dos resultados inmediatos que suponen un impacto práctico no despreciable: el ahorro y una mayor limpieza.

Durante muchos años, precisamente en mi función de comandante de mi cocina, he tirado una cantidad vergonzosa de comida caducada. Aún no había puesto a punto mi método y, sobre todo, todavía no había tomado conciencia plena de los beneficios que tendría en mi vida ordenar la cocina. Además de un exceso de comida, con frecuencia compraba utensilios y alimentos de los que, en realidad, ya tenía existencias. Sobre todo me sucedía con los instrumentos e ingredientes de pequeño tamaño: esponjitas para fregar los cacharros, posavasos, bolsitas de azafrán, o de levadura seca, especias de toda clase, tapones herméticos para los vinos espumosos... Cuando los necesitaba, los buscaba y, al no encontrarlos, los compraba otra vez. Este vicio se mantuvo durante mucho tiempo, hasta que me di cuenta de que esta multitud de «duplicados» por una parte atascaba mi cocina y por otra me obligaba a tirar lo que ya había caducado. Y todo por no haberlo ordenado según un criterio preciso.

Existe un truco, y os hablaré de él dentro de poco, en la lista de tareas que debemos llevar a cabo en la primera fase del orden.

Haced limpieza: antes de empezar a ordenar, sacad la basura mental

Una importante consecuencia práctica de ordenar la cocina es la limpieza natural de este ambiente. Si tengo menos cosas y si cada cosa se coloca en su sitio, fácilmente tendré acceso a esos espacios, a esos rincones de las repisas, las estanterías y los cajones que antes no se veían debido a la cantidad de objetos y comida que se acumulaban en ellos; y esto sirve también para la despensa, las alacenas y la nevera.

La ecuación sería: compro menos comida y utensilios = tengo más espacio = logro limpiar mejor.

Al beneficio práctico y funcional se une un provecho mental. No solo lograréis ahorrar y tener una cocina limpia; yo quiero ir mucho más allá, y haceros reflexionar sobre el gesto en sí de limpiar y fregar. Sin entrar en el tema de la limpieza de la casa (sé muy poco de limpieza y de labores domésticas y soy una pésima maestra en lo que respecta a ordenar el resto de habitaciones), me limito a señalar que el acto de limpiar la cocina no puede no implicar, en mi método, un modo de lavar las viejas costumbres, los prejuicios y las superestructuras; no puedo evitar aplicar el pensamiento simbólico también al acto de limpiar y, sobre todo, blanquear. ¿Hay entre vosotros alguien que no se ocupe nunca o casi nunca de la limpieza de la casa? En cualquier caso, con respecto a la cocina, mi consejo es hacerlo al menos un par de veces al año.

Poco después de divorciarme de mi segundo marido, la primera cosa que hice fue pintar de blanco las paredes de la casa. Era mi forma inconsciente de hacer tabla rasa y decir «vuelvo a empezar desde aquí». Fue bonito mientras duró, pero ahora hagamos borrón y cuenta nueva para vivir el resto de nuestra vida. Por esto, si tenéis intenciones de aventuraros a ordenar en la cocina y deseáis sentir la alegría que se derivará de ello, lo primero es hacer limpieza, conscientes de que con este gesto no os liberaréis solo de gérmenes y suciedad, sino que sentaréis las bases de una nueva relación con vuestra cocina.

Hacer limpieza, al igual que el resto de acciones que forman parte del orden, no es un fin en sí mismo, sino un gesto que remite a otro. Nos remite a esas purificaciones interiores que son los fundamentos del cambio. Es decir, coger todo aquello que contiene vuestra cocina, ponerlo sobre la mesa y pintar las paredes o darles un lavado de cara es el primer paso hacia el orden.

Una vez pintadas las paredes, debe dársele una pasada a los estantes y los interiores. Insisto: no puedo daros ningún consejo sobre el método, tan solo contaros mi experiencia y mis preferencias. Para hacerlo de forma coherente, es mejor utilizar un detergente universal, económico y sostenible, *home made*. Yo he sacado ideas del libro *Le miscele naturali [Las mezclas naturales]*, de mis amigas Titty y Flavia. A su receta, os sugiero que le añadáis vuestro aceite esencial preferido. Yo he escogido la lavanda, aunque también el del árbol del té es muy eficaz, pues posee un poder antiséptico y antibiótico natural.

2 vasos de agua
1/2 cucharada de detergente para vajillas
1 cucharada de bicarbonato
2 cucharadas de vinagre blanco
2 gotas de aceite esencial de lavanda

Podéis modificar vuestro aceite esencial preferido según vuestro estado de ánimo o la estación del año. Añadir estas gotas es decisivo para dar personalidad y un carácter único a vuestra cocina.

Mezcladlo todo en una jarra y echad el resultado en un envase con espray. No lo conservéis más de una semana. Agitadlo bien y comenzad el tratamiento para limpiar la cocina y eliminar todos los pensamientos negativos que hayáis acumulado.

¿Demasiado orden o demasiado desorden? ¿Cocina mediterránea o cocina zen?

Si bien la acumulación excesiva reclama un orden, hay que tener en cuenta que este no se manifiesta solo en el concepto del espacio vacío. El concepto occidental y mediterráneo de orden no implica muchos «vacíos», como en el modelo oriental. El espacio estará lleno o vacío según las reglas de cada uno. Que los estantes estén completamente libres de cualquier objeto o que las paredes estén desnudas no quiere decir que el espacio esté «ordenado» como tal.

A medida que pasaba el tiempo y mi pasión por mi trabajo se convertía en una profesión, disminuía mi desorden y, sobre todo, en modo inversamente proporcional, aumentaba mi capacidad de organizar la cocina. Y, primera consecuencia, mejoraba mi relación con la comida en su totalidad. Cuando apareció el libro de Marie Kondo, yo ya llevaba muchos años aplicando mi método para ordenar la cocina de quien me pedía ayuda, pero no me daba cuenta de que fuera una auténtica teoría como tal. Leyendo su libro advertí muchas semejanzas entre su método y el mío, pero también una gran diferencia: a la cocina ella le reservaba un espacio exiguo, casi diría marginal, mientras que para mí el verdadero cambio comienza en la cocina.

Como sabemos, Kondo sostiene que ordenar la casa significa cambiar radicalmente «la propia mentalidad, su modo de vida y su propia existencia». Si ordenando se arregla el pasado y se comprende aquello que realmente necesitamos en nuestra existencia, al eliminar las células muertas que se han estratificado, es sobre todo tomando las riendas de la cocina como, en mi opinión, podremos aumentar nuestra autoestima, mejorar nuestra relación con la comida y especialmente con nuestros familiares. Porque la estancia donde se comparte la comida es el lugar donde se comparte también, y aún más, todo aquello que es inmaterial. En lo que respecta a la cocina, el método Kondo queda lejos, muy lejos, de la mentalidad occidental y yo añadiría, pasando de lo universal a lo particular, que en la forma de pensar mediterránea y, en definitiva, italiana, la centralidad de la cocina es un hecho.

Ordenar la cocina pensando en el placer
de sentarse a la mesa

¿Que significa ordenar la cocina «a la italiana»? Dicho así parece casi ofensivo, pero no lo es en absoluto. «A la italiana» significa incluir los valores que son solo nuestros. Y uno sobre todo: el placer de sentarse a la mesa. Quizá muchos italianos no se den cuenta de que este factor es único en nuestro país. Muchos jóvenes, amigos de mis hijos, así como colegas periodistas que han vivido en muchos países extranjeros, y sobre todo en los Estados Unidos y el Reino Unido, me cuentan que en una familia en la que ambos progenitores trabajen, durante la semana quien tiene hambre va directamente a la nevera y saca aquello que desee. Nosotros al menos cenamos juntos. ¡E intentad sacad cualquier cosa del frigorífico de una de esas reputadas amas de casa que consideran que la cocina es su territorio tanto como un mastín domina el jardín doméstico!

Exageraciones al margen, la cocina como lugar de encuentro es una característica de algunos pueblos, no de todos. En su fundamental obra *In Defense of Food [En defensa de la comida]*, Michael Pollan elogia la costumbre de reunirse alrededor de una mesa y de permanecer allí un rato, juntos, demostrando que la relación equivocada y malsana con la comida de una parte cada vez mayor de sus compatriotas estadounidenses tiene su origen en haber renunciado a la idea de compartir los alimentos; y que estos sean consumidos cada vez con mayor prisa, cada vez con menos frecuencia junto a los demás, haciendo siempre otra cosa a la vez, en el sofá mientras vemos la tele, en el coche, por la calle...

Dejando un momento de lado el modelo oriental, en el que un objeto colocado sobre una superficie se ve como un elemento que estropea la belleza de la línea continua de las formas, en la cocina de mis amigos de Ámsterdam los objetos encuentran su lugar exclusivamente dentro de las alacenas, y Rachel, la dueña de la casa, ha tenido que entablar acaloradas discusiones para que al menos el exprimidor y la pequeña cafetera (he logrado convencerlos de que se pasen al expreso) se encontraran a mano.

Una cocina ordenada «a la italiana» significa en mi opinión que por el dibujo que hizo en una hoja de cuaderno, cuando tenía dos años, mi hijo mayor (que quizá ahora ya sea informático), y que está colgado en una esquina, no me pondré siquiera a discutir: la familia nunca decidirá tirarlo. Nuestros recuerdos, al igual que el carácter sagrado de la cocina, en Italia no se tocan. Para mí, «a la italiana» significa algo hermoso, significa que dejar a la vista una bandeja llena de tomates maduros y olorosos no es desorden. Del mismo modo que colgar una ristra de ajos o un queso Caciocavallo de una viga del techo, que es como muchos se imaginan la cocina meridional, no tiene nada que ver con el orden.

Y este es un punto importante: antes de comenzar el recorrido que nos llevará al orden, trataré de dar mi definición del mismo. Es parecida a la de Vitruvio, que en *De architectura* (siglo I a. C.) utiliza el término junto al concepto de belleza, que entiende como revelación de la armonía del orden universal. Creo que no hace falta añadir nada más.

Con esta definición en mente, podemos volver a la comparación con la cultura japonesa y la estética zen. No se puede hablar de orden sin hacerlo de espacio, y el concepto de este que con toda probabilidad maneja Marie Kondo nos remite a la llamada «estética del vacío». Uno de los mayores expertos en cultura oriental, Giangiorgio Pasqualotto, escribe en *Estetica del vuoto – Arte e meditazione nelle culture d'Oriente [Estética del vacío. Arte y meditación en las culturas de Oriente]*: «La civilización japonesa es un receptáculo de tonos medios y matices, de espacios vacíos que no se llenan rápidamente, sino que se disfrutan como son; de una infinidad de artes que tienen como objetivo no el producto estético, sino el acto que enriquece las relaciones. Relaciones con las personas, relaciones con la naturaleza, relaciones con las cosas».

En resumen: hermoso = vacío. Para un japonés, una cocina «bonita» y ordenada está prácticamente vacía. El vacío es ya en sí mismo una experiencia emocional, y constituye el punto de partida hacia una «espiritualidad creativa» que toma distintas formas, del bonsái al grabado, de los haikus a los «jardines secos».

Para un mediterráneo, «bello» significa lleno de objetos que nos remiten a emociones: como el garabato de un hijo que ya se hizo mayor, o una bandeja llena de tomates olorosos.

Iba ya a cerrar este epígrafe cuando he pensado que me faltaba todavía un ejemplo, porque no hay nada que abra tanto la mente como los ejemplos, las parábolas modernas. Así que me he acordado de los jardines, que son la forma que tenemos los seres humanos de doblegar a la naturaleza. La metáfora perfecta para comprender la diferencia entre una cocina mediterránea y una zen es comparar un jardín mediterráneo y uno zen; una terraza de la Liguria y el arte de los bonsáis.

En los jardines orientales el hombre (aparentemente) no se manifiesta, está detrás de la naturaleza, pero no modelándola, sino acompañándola en unión con los ritmos universales de la misma. Los principios inspiradores del jardín japonés son la asimetría, la disparidad y el contraste, porque todo lo que es simétrico es artificial, obra y huella del hombre. En el extremo opuesto está el ejemplo histórico del jardín italiano, auténtica creación arquitectónica de gran impacto, construido sobre precisas formas geométricas y un cálculo matemático y minucioso de los espacios.

El jardín mediterráneo no es ni lo uno ni lo otro; es una mezcla entre la huerta trasera y una combinación de flores y plantas aromáticas. Es la cocina como será después de haberla ordenado siguiendo mi método. Es un jardín que expresa belleza, personalidad, colores y respeto por una naturaleza que no está doblegada por la geometría, sino encauzada por ella. El jardín mediterráneo es un lugar donde sentarse, respirar profundamente, pero también un sitio precioso donde se busca, con un delantal atado a la cintura, un ramito de romero para añadirle al asado. Donde no pueden faltar el mirto, la retama, la higuera, el romero, la planta de alcaparras, el olivo, el madroño o las matas de lavanda.

Lo vacío y lo lleno influyen mucho en nuestra mente durante el orden; lo vacío se manifiesta mediante lo lleno, así como la oscuridad se experimenta en relación con la luz. La lección de los maestros del bonsái es clara: «La atención a lo vacío mejora lo lleno». Y en el nombre de este concepto ambas culturas, la zen y la mediterránea, se dan la mano para ordenar la cocina. Una sabia remisión de los espacios llenos y vacíos, esencia de dos culturas, en nombre del orden.

En resumen, como he apuntado en la introducción, estoy convencida de que el exceso de orden es un síntoma de un trastorno de la personalidad. Aunque, claro, esto bien podría ser la excusa de una mujer bastante desordenada. «Los artistas son desordenados» es otro mantra que he llevado conmigo durante años, al igual que «Demasiado orden significa desorden mental». Madres obsesionadas con ordenar los juguetes de los hijos o los armarios con cada cambio de estación, maridos atentos hasta la manía a la clasificación de sus corbatas o calcetines, mujeres que no logran irse a la cama sin haber fregado los platos, empleados que colocan los lápices por colores... Todas son manifestaciones del ansia por ordenar: ¿a quién no le ha ocurrido? En el origen está siempre el temor de no poder dominar las emociones, de no lograr tenerlo y controlarlo todo. A todos nos encanta vivir en un ambiente limpio y ordenado: es una metáfora de equilibrio interior y lucidez. Pero no debemos superar el límite de que estos pensamientos se vuelvan predominantes y esta capacidad se torne ansiedad, incluso obsesión.

Para mucha gente, ordenar significa mantener un equilibrio moral e interior. Colocar continuamente puede ser una forma inconsciente de impedir que emerjan nuestras emociones, o de gestionar inseguridades arraigadas, o de sentirse a gusto con la propia conciencia. En resumen, «cuanto más ordenada esté mi casa, más pensará la gente que soy una buena persona, una madre eficiente y productiva».

El método y los consejos que encontraréis aquí tienen la sencilla intención de mejoraros la vida. Mi idea es que, una vez hayáis leído este libro, toméis de él solo aquello que os sirva, incluido cualquier apunte de reflexión, y que consigáis encontrar «vuestro» orden en la cocina. Que este se manifieste a través del cesto de tomates o del dibujo con las pinturas de cera, eso ya es elección vuestra.

Organizar la cocina: mis reglas
al servicio de vuestro estilo personal

Encontrar con el paso de los años un método para organizar mejor mi cocina me ha hecho sentirme realmente más feliz y realizada. Yo, que siempre he sostenido que quien no cambia no crece, mantengo que el verdadero cambio se producirá en vosotros cuando aprendáis a organizar la cocina aplicando *mis* reglas según *vuestro* estilo personal. Porque no existe ninguna estancia más importante en la casa. Porque en el fondo los seres humanos nunca nos hemos reunido delante de un armario ropero, sino delante de un fuego. Y si bien es cierto que, cuando voy a salir de casa, siempre tengo que buscar los zapatos apropiados, porque andan dispersos por la casa, en cualquier momento de la semana podría deciros qué es lo que tengo en la nevera.

Tipos de cocinas y tipos de personas

Entender cuánto puede ganar cada uno de nosotros al ordenar la cocina es importante, tanto como descubrir cuánta alegría se puede encontrar al transformar nuestra cocina, a través del orden, de fábrica de comida a fábrica de emociones.

La cocina debe convertirse en la estancia de la complicidad de todos aquellos que la vivan. El dormitorio y el baño son espacios privados, la sala de estar es la zona de las relaciones con el mundo exterior; la cocina es el lugar para compartir, para experimentar con los cinco sentidos. ¿Pueden cuatro paredes encerrar un mayor valor simbólico que la cocina? Voy incluso más allá: las personas que revolotean activamente alrededor de esta habitación de la casa, que tienen al menos un vínculo de parentesco, mantienen relaciones entre ellas más firmes y sanas. Una vez puesto en práctica el orden, cuanto más tiempo pasen esas personas en este espacio, más reforzarán las verdaderas relaciones entre ellas.

Resulta completamente innecesario describir las diferencias entre la cocina del soltero y una cocina familiar. Me limitaré a algunas observaciones generales. Ante todo, la cocina es también un lugar de reunión y para socializar; y esto nos obliga a arreglar las cuentas con el orden. Si nos permitimos no tener ordenado el cajón de la mantelería, no ofrecer un café a una amiga porque será tal el desorden de nuestra cocina que nos avergonzaremos de invitar a nadie, peligra nuestra vida social. Así que el orden es útil aunque no sepamos cocinar.

Muchos solteros consideran la cocina un área opcional de la casa. Renato era soltero y la madre le decía: «Tienes treinta años, ¿cuándo vas a sentar cabeza? Siempre comes guarrerías congeladas, al horno van a salirle telarañas». Pero a Renato le iba bien así. Comía en el sofá y al pasar por la cocina sentía el mismo fastidio que cuando atravesaba el pasillo del dentista.

Una Navidad le regalaron una cafetera magnífica. Desde entonces, empezó a entretenerse un poco más en la mesa de granito gris, leyendo el periódico mientras paladeaba la taza de café, pero no mucho más. Es un círculo vicioso: a algunas personas no les gustan las cocinas porque la cocina no les quiere a ellos; y ella no les quiere porque los siente de algún modo extraños... Sin embargo, algo en la vida de Renato estaba empezando a cambiar.

Renato conoció a Clara. A ella le encantaba cocinar, pasaba su tiempo libre en supermercados y después volvía corriendo a casa para probar la enésima receta en busca de la tarta Sacher perfecta. Renato se dio cuenta de que no sabía gestionar aquella novedad, porque nunca había aprendido a convivir con su cocina. Un día casi discute con Clara porque no supo explicarle cómo se usaba el carísimo horno de convección que había comprado sin saber qué iba a hacer con él. Ella le contestó con dureza: «¿Cómo puedo pensar que tengo nada en común con un hombre que en seis años nunca ha encendido el horno?».

Y esto no solo ocurre con los solteros. Hay muchas parejas que solo utilizan la cocina para desayunar y encontrarse allí por la noche un par de veces a la semana. Los domingos comen en casa de sus respectivas familias y cenan en la pizzería. Las cocinas permanecen deshabitadas.

Las cocinas que no se frecuentan de forma voluntaria son como la de Renato —frías, vacías, resplandecientes en un sentido repulsivo—, o bien están mal equipadas, sucias, desordenadas, atestadas de cosas. John, un amigo inglés que sale con una chica florentina, me dice: «Desde que estoy en Italia, me encanta ir a hacer la compra con Martina, y nos gusta también cocinar, pero al trabajar fuera de casa los dos y recibir tantas invitaciones, nos dimos cuenta de que no comíamos en casa más que un par de veces a la semana. Durante mucho tiempo hemos tirado a la basura comida caducada. Aunque lo hemos intentado, hemos acabado admitiendo que no sabíamos organizarnos».

Una buena relación con la cocina hace florecer las buenas costumbres, gastronómicas y emocionales

Mis cocinas preferidas son las familiares. Allí hay mucho que hacer, en parte porque se debe contentar los gustos gastronómicos y las costumbres de talantes diversos. Y lo mismo ocurre en el caso de los chavales que viven la experiencia de la convivencia en los años de la universidad, o de las personas que comparten piso para dividir los gastos.

Giovanna tiene 26 años; se quedó embarazada pero terminó sus estudios. Se licenció en Letras y se casó con su novio de toda la vida: Tommaso, «Tom» para los amigos. «Antes de que naciera Sara, yo estaba llena de sueños y de buenos propósitos; me encantaba guisar, pero mi madre nunca me había dejado poner un pie en la cocina. Solo lo hacía en la universidad para las amigas. La hermana de Tom, Elena, se puso enferma y debimos traerla a casa con nosotros durante seis meses, y es alérgica al gluten. De día, yo salía a hacer entrevistas de trabajo, y de vez en cuando Elena me ayudaba. Por la tarde, estaba hecha polvo y nada satisfecha: había comenzado segura de lograr cocinar para Tom, ocuparme de Sara y preparar platos sin gluten, pero después perdí el control de mi cocina. Un día me confundí con las harinas y sin querer cociné unas galletas que le sentaron mal a Elena». Al igual que muchas otras jóvenes, Giovanna aún no ha aprendido a pedir ayuda, es insegura y tiene miedo de qué va a pensar de ella la familia de Tom. Sobre todo, se siente culpable: porque no sabe cuidar de una persona enferma y porque no es capaz de mantener su cocina bajo control. A todo esto se le añade que no ha respetado la primera regla: en la cocina manda solo uno.

Los de una manzana
y los ardillas

Viendo cómo hace la compra una persona no solo se pueden intuir sus hábitos alimentarios, sino que también se podrá apostar sobre el estado de su cocina. En los extremos del comportamiento de los compradores, es decir, exagerando un poco, podremos dividir a los consumidores en dos grandes categorías: los de una manzana y los ardillas.

Antonio trabaja en casa y tiene la nevera casi siempre vacía. Cuando Paola, su compañera, le toma el pelo por este desierto helado, acusándolo de tacañería, responde: «No necesito llenarlo. Cuando me hace falta algo, lo compro. Tengo el tiempo necesario para salir a coger lo que precise sin necesidad de acumular». Y como trabaja en casa, sale y compra una cebolla para el sofrito de un par de platos de arroz, una coliflor, algunas alcaparras. Ya imaginaréis su felicidad al descubrir un supermercado que lo vende todo a granel, desde el vino hasta la pasta o el detergente. Antonio tiende a ser ordenado, pero, como su criterio de compra es preguntarse «¿De verdad necesito esto?», ocurre que es fácil responderse que «no» la mayor parte de las veces. Tocaron fondo el día en que Paola, embarazada, se despertó por la mañana con antojo de manzanas. «No hay problema», dijo Antonio, y volvió con... una manzana.

Ornella es una acumuladora de comida. ¿Que vienen cuatro invitados a cenar? Ella cocina para ocho. «Nunca se sabe —dice—. No querrás que a alguien le apetezca repetir y no pueda...». Cuando entra en una tienda de comestibles, su lema es «Lo compro aunque ya tenga, quizá me haga falta». Es una mujer ardilla. Este animal siente la necesidad de buscar alimentos y acumularlos para el futuro; si encuentra una nuez, enseguida empieza a rascar el terreno con las patas, después coloca el fruto en el lugar que ha «excavado» y con el hocico hace el gesto de recubrirlo de tierra. Para las ardillas esta acción es instintiva: todas hacen provisión de alimentos de esta forma, a fin de garantizarse la supervivencia cuando haga más frío y el alimento escasee. Del mismo modo se aprovisiona Paola de pastillas de jabón, detergente para el lavavajillas, paquetes de arroz, pasta y conservas para un regimiento. Y entonces viene el problema de espacio. Los primeros meses del matrimonio Luca, su marido, no advertía el problema y le quitaba hierro, pero, cuando la tarjeta de crédito empezó a dar muestras de sufrimiento y las alacenas a reventar, le dijo: «Tenemos que hablar».

Los previsores
y los vagos

Más allá del aspecto del «cuánto», los distintos talantes en la cocina se distinguen por el «cuándo y cómo». También en este caso, exagerando un poco, se pueden identificar dos tipos extremos: los previsores y los vagos. Los primeros son personas organizadas y ordenadas, rigurosas, emocionalmente controladas; realizan gestos precisos, bien dirigidos, mesurados. Para hacer la compra se llevan la bolsa de casa, de material resistente o tela; sin esperar a que la cajera haya terminado la cuenta, ya han repartido los refrigerados con los refrigerados, los detergentes con los detergentes y las hortalizas con la fruta. En resumen, han organizado la compra para mantener la cocina ordenada. En general, después de haber usado un cubierto o un recipiente, lo vuelven a colocar en su lugar o lo ponen en el fregadero para lavarlo.

Las personas de este tipo podrían sufrir ansiedad y mostrar similitudes con las del tipo ardilla. Por lo demás, su método es el que aconsejan los cocineros para continuar el trabajo cuando los ritmos en cocina empiezan a acelerarse.

Los vagos son los que en el supermercado echan los artículos uno sobre otro en el carrito y, cuando llegan a la caja, llenan las bolsas al azar, cargándolas hasta tal punto que las asas se rompen, desperdigando todo el contenido en el ascensor. Serán los mismos que en casa lo dejen todo sobre la mesa y solo después de algunas horas, obligados por la necesidad, lo metan todo en la nevera y en la despensa sin orden preciso alguno. Al igual que aplazan la compra de detergente hasta que se quedan sin él, posponen también fregar los platos o el momento de colocarlos en el lavavajillas. ¿Que el tirador de un cajón está flojo y corre el riesgo de soltarse? Los vagos lo dejarán así durante una eternidad.

La psicología de quien aplaza las cosas esconde un deseo de perfeccionismo y el miedo al fracaso: «No muevo un dedo hasta que no esté seguro». Si lo posponéis todo nunca estaréis centrados en el presente. En el fondo, postergarlas es un atajo para no participar nunca y no vivir jamás en el presente, sino solo en el futuro.

En realidad, como hemos visto al principio, podemos identificar también dos tipos de desorden: el de quien está confuso en todos los aspectos de su vida, y el de quien es disciplinado en su trabajo pero en casa «se deja ir». Una explicación aparte merece el «desorden patológico»: sin entrar en mucho detalle, basta recordar que con frecuencia el desordenado es un eterno adolescente, porque en el desorden excesivo existe una petición-chantaje: «Si me quieres, debes ocuparte de mí, de mi habitación y mi ropa», y, por tanto, «de mi cocina». En el fondo, la dificultad de ordenar lo que hayamos usado es un poco la misma que la de archivar lo vivido que ya no nos hace falta —las relaciones acabadas, los proyectos nunca terminados, las cuestiones sin resolver—; es decir, una dificultad «para dar carpetazo a algo». Por esto es por lo que ordenar la cocina significa liberarse de los viejos problemas relacionados con la comida y con las formas de convivencia.

Por tanto, antes de compartir un apartamento con otros estudiantes, antes de convivir en pareja como preludio al matrimonio (o no), antes de marcharse a unas largas vacaciones que os obligarán a compartir una cocina, preguntaos a qué categoría os acercáis más, vosotros y vuestros futuros compañeros de viaje: ¿Sois como los de una manzana o como los ardillas, sois previsores o vagos?

La alegría del orden enseña a gestionar mejor
las existencias, para no quedarse nunca sin ellas; ni sin ingredientes ni sin espacio

Cada vez que volváis de la compra o llevéis a casa alimentos u objetos destinados a la cocina, colocadlos inmediatamente. Está prohibido dejarlos en el suelo, en la mesa o en una repisa.

Para evitar desperdiciarlos o que caduquen sin que nos demos cuenta, cada vez que coloquéis la compra, poned los alimentos más frescos o con una fecha de caducidad más próxima adelante y dejad atrás aquellos que soporten mejor el paso del tiempo o caduquen más tarde. Haceos con una pizarra o pegad una hoja en la parte interior de una de las puertas de una alacena: en ella apuntaréis todos los alimentos que se han acabado y deban ser reemplazados. Obligad también al resto de usuarios de la cocina a hacer lo mismo cada vez que terminen algún alimento. Una vez completada la lista, bastará con despegarla y llevarla con vosotros cuando vayáis a hacer la compra.

En los capítulos siguientes explicaré cómo ordenar la cocina en cuatro áreas, correspondientes a los cuatro elementos: tierra, aire, agua y fuego. Cada cosa —ingredientes, utensilios, objetos en general— debe ir en su área; con el tiempo será automático asociar cada objeto o alimento a su área de referencia. Pensar según los cuatro elementos os resultará útil también a la hora de hacer la compra y colocarla en las diversas áreas de la cocina.

Antes de entrar en los detalles del verdadero orden, me gustaría hacer balance, dado que estamos llegando casi a mitad del libro. Hasta ahora, al enumerar los tipos de cocina y los tipos de personas (¿os habéis reconocido, al menos en parte?), he tratado de prepararos para el verdadero orden. Bien; si estáis deseando preguntarme cuándo llegan los consejos prácticos es que no estáis aún preparados para ordenar la cocina. Los elementos más importantes para todo tipo de orden son la conciencia y la motivación. No es necesario tener una cocina de pesadilla para hablar de orden; sirve con sentir el deseo de cambiar.

¿Estáis preparados?

Purificación e impronta

Los cuatro elementos en la cocina y las áreas del orden y de las emociones

El alfa y el omega, el punto de partida y el punto de llegada del orden en la cocina es: «Cada cosa en su lugar, un lugar para cada cosa». El principio psicológico se basa en la asociación de ideas.

Supongamos que una mañana, después de haber leído el libro hasta aquí, nos levantamos y decidimos ponernos a ordenar. Supongamos que somos una mezcla de los tipos ardilla y vago, con además graves dificultades para ordenar.

Primer paso: fotografiar
la realidad de las cosas

Una vez que hayáis decidido poner en marcha un cambio en vuestra cocina, antes de tocar nada, fotografiadla: en su conjunto o por partes, como queráis.

Este ritual es un poco como la limpieza con el espray y los aceites esenciales: nunca es solo un acto físico, nos permite tomar distancia. Nos ayuda a ver las cosas en su realidad, alejada de nosotros. Tan solo separándonos, tomando algo de distancia con las cosas tal como son podremos ponernos a ordenar de forma eficaz.

El poder de la fotografía lo he descubierto por casualidad. Hace muchos años, Miriam, una amiga mía de Boston, vino a verme durante una semana de turismo por Italia. Quedamos para ver juntas las fotos que me había mandado meses antes. Las había sacado el marido en la gran cocina de su casa de campo, donde les encanta pasar gran parte de su tiempo libre.

Apenas las vio, Miriam casi me las quitó de las manos (entonces las fotos se imprimían, ah..., ¡qué nostalgia!) y me dijo: «Pero esta no puede ser de verdad mi cocina, nunca me había dado cuenta de que fuese tan pequeña y tan hortera». Yo la tranquilicé, pero ella insistía: «¡Mira qué mal quedan estas cortinas tan barrocas junto a las líneas minimalistas de las repisas!». Observar las imágenes de una sala sucia o desordenada y comentarla con un interlocutor —una amiga, un amigo, alguien de quien nos fiemos— es de gran ayuda para que tomemos conciencia. Es decir, antes de ponernos a ordenar la cocina, fotografiémosla. Cuando nos encontremos al final del «cambio», lo haremos de nuevo, desde los mismos puntos de vista, y la observaremos para poder decir que estamos satisfechos con nuestro recorrido.

Las áreas de los elementos
y de las emociones

Ahora podemos comenzar de verdad a ordenar. ¿En qué consiste mi método? Partiremos de las emociones, como haría cualquier «mente mediterránea». Y, dado que considera la cocina como lugar elegido de la casa, mi método para ordenar con alegría no puede no contemplar las emociones como hilo conductor. Por eso, he pensado en dividir los sectores de la cocina en áreas relacionadas con los elementos naturales: tierra, aire, agua y fuego —para lo que le he pedido ayuda a Anaxímenes, uno de los primeros filósofos, pensador del siglo VI a. C.—, y me he dado cuenta de que esta idea era una guía perfecta para ordenar con alegría.

También el médico Hipócrates aplicó la teoría de los cuatro elementos a la naturaleza humana, distinguiendo cuatro «humores» correspondientes. Reproduzco un esquema que resume las asociaciones entre elementos y humores propuesta por él; entreteneos distinguiendo dónde os colocaríais. Quizá advirtáis que vuestro «humor» es atraído por su correspondiente zona de la cocina... Pertenezcáis a un tipo u otro, lo primero que debéis hacer en cualquier caso es dividir vuestra cocina en áreas bien distintas identificándolas mentalmente y por tanto asociándolas con los cuatro elementos naturales: tierra, aire, agua y fuego.

♦ Tierra: Bilis negra, melancólico, delgado, débil, pálido, cauteloso con el dinero (bazo).

Área de la cocina: todo lo que esté frío; la nevera, los estantes más bajos.

♦ Aire: Sangre (corazón), robusto, rubicundo, alegre, sociable y ávido de vida.

Área de la cocina: la despensa, las alacenas.

♦ Agua: Flema (cerebro), robusto, perezoso, lento, torpe, pero sereno y flemático.

Área de la cocina: todo lo que está junto al fregadero y el lavavajillas.

♦ Fuego: Bilis amarilla (hígado), irascible, susceptible, generoso pero soberbio.

Área de la cocina: los fogones, la placa o la chimenea.

Asignad a las áreas de la cocina las áreas
emotivas de los cuatro elementos

Escoged un día tranquilo. Situaos junto a la puerta de la cocina o con una ventana a la espalda y empezad a realizar una respiración abdominal.

En Oriente el concepto de respiración tiene un significado mucho más profundo que en Occidente. Sobre esto no tengo nada que enseñaros. No se trata de un simple movimiento de los pulmones, es un ritual que pone al ser humano en armonía con el ambiente circundante. Se llama *chi,* término que no solo significa respiración o soplo, sino que comprende el concepto de energía vital, de vitalidad y de espíritu.

Respirar en nuestra cocina nos conecta positivamente con ella. ¿Por qué nos resulta útil entrar en sintonía con nuestra cocina? Quien la identifique con un lugar relajante, cálido y acogedor desde el punto de vista emocional podrá utilizarla como lugar de descompresión en todo momento de la jornada. «A mitad de la tarde, cuando estoy acabando con mi última reunión, me imagino mi cocina —dice Lara, arquitecta y mánager de un reconocido estudio—. Hay quien se imagina su sofá y la televisión, quien desearía estar remojándose los pies. A mí lo único que me gustaría es estar sentada a la mesa de mi cocina paladeando una taza de té. Y lo mismo me ocurre cuando discuto con mi hija de dieciséis años. Al acabar la discusión, me voy a la cocina, me pongo a ordenar y recupero la calma dentro de mí».

Una vez terminada la respiración, asociad con los ojos cerrados todas las áreas de vuestra cocina con el elemento natural relacionado. Dibujad los contornos primero mentalmente, abrid después los ojos y observadlas; al final, recorredlas con todo el cuerpo, tocándolas con los dedos y acariciando los contornos de cada área. Esto es la impronta: un flujo emocional entre vosotros y la cocina de la cual habéis decidido cuidar. Atención: podría no ser la cocina de vuestra vida, sino una cocina de paso. No importa: un novio o un gato callejero también podría quedarse o irse, pero de todas formas hay que tratarlo bien.

Atención: mi teoría funciona si os dejáis guiar por las emociones, no si os sentís prisioneros de reglas férreas, impuestas por vuestra madre, por la tradición o por el arquitecto que haya diseñado la cocina. Al final, seréis vosotros quienes encontraréis el rigor necesario para la aplicación del método, pero de esta forma la alegría del orden volverá vuestra cocina única e irrepetible. La fuente de la alegría es pensar que esa cocina, aunque de ella hayan vendido miles de ejemplares, se ha convertido en otra gracias a vosotros.

Una vez asignadas las áreas emocionales, deberéis ordenar vuestra cocina teniendo en cuenta la teoría de los elementos: cada objeto debe estar relacionado con su elemento. La asociación mental será natural y funcional para la naturaleza del objeto.

Está claro que un pan de mantequilla debe conservarse en un lugar fresco, pero un objeto, un ingrediente, un producto podrá también ser colocado según otras directrices personales. Lo importante es que el área de referencia sea siempre la misma. Y esto, no temáis, sucederá si habéis cumplido bien el ritual de la impronta.

Según una investigación de una universidad norteamericana, si haces algo durante tres semanas, se convierte en un hábito. Yo he experimentado que eso es cierto. Pero basta con saltarse durante 48 horas la repetición de dicho comportamiento para perderlo definitivamente, o al menos hasta que no volvamos a ejercitarlo durante otras tres semanas. Si decido que las gomas elásticas van todas en una cajita del segundo cajón situado junto al papel para hornear, cada vez que encuentre una goma elástica la asociaré inmediatamente a dicho espacio. El mantenimiento del orden funciona así: encuentro el objeto, lo tomo en la mano y lo vinculo a un lugar. Ocurre que esta equivalencia es férrea, aunque eso no es ninguna novedad, pues nunca utilizaríamos la bañera para guardar unas sábanas recién planchadas. Sin embargo, si nunca he asociado un único lugar a las gomas elásticas, cuando encuentre una, a veces la pondré en el vaciabolsillos de la entrada, otras la colocaré junto a los cubiertos y en ocasiones incluso dentro de un cajón con el resto de objetos de papelería.

Ahora me gustaría contaros la historia de Alice, una de las primeras personas a las que hace años le expuse la teoría de las áreas emocionales de la cocina. Alice me decía que no lograba ordenar muchos objetos relacionados con el área del fuego, es decir, en torno al horno y los fogones, y que siempre se los encontraba esparcidos por aquí y por allá. Después comprendimos que su dificultad se debía al hecho de que el horno y los fogones se encontraban más bien alejados entre ellos. «¿Dónde pongo el papel para hornear si no tengo un cajón cercano al horno? ¿Dónde coloco el agarrador y el guante que me pongo para no quemarme si los uso tanto con el horno como con los fogones y estos se encuentran en paredes opuestas?». La pregunta era clara y nos conduce a una respuesta simple: «Debes escoger una zona intermedia, o bien acondicionar un lugar para guardar cada uno de ellos». Alice ha destinado un cajón a mitad de camino entre sus dos fuentes de calor y ha «asignado» tanto eso como los objetos que contiene al área emocional del fuego.

Mientras estoy terminando este libro, se está celebrando el Salón del Mueble que cada año trae a Milán las novedades de cada país en el campo del diseño y el mobiliario. He participado en eventos protagonizados por cocinas supertecnológicas y bellísimas. Luces que se deslizan por raíles para iluminar justo donde hace falta, placas calentadoras que brotan de superficies completamente lisas, sin una ranura, sin una curva. Tiradores que desaparecen del todo. Sin hendiduras donde la suciedad se acumule. Lavabos que nacen de repente del

acero, sobre los que, como por arte de magia, un escurreplatos resplandeciente y minimalista se adapta a la perfección
sobre el fregadero. Tablas de cortar que descienden y vuelven
a elevarse mimetizándose con la pared del fondo.

El diseño, la tecnología, la disponibilidad económica...
¿hacen superfluo el orden? No creo. Quizá quien posea una
cocina supertecnológica encuentre un poco ingenuos los consejos que me dispongo a dar, pero puedo decir que he visto
cocinas de cincuenta mil dólares completamente caóticas,
y cocinas sencillas y económicas ligeramente modificadas con
efectos óptimos sobre la funcionalidad y el orden. Un ejemplo:
cuando las alacenas os queden demasiado altas, pedid al car-
pintero que os instale alguna repisa que las subdivida en altura: mejor disfrutar de más estantes para colocar platos
y vasos que tener que manejar pesadas pilas de cacharros
superpuestos.

Tierra

En la concepción cristiana es el último de los elementos. Yo lo pongo el primero porque, para mí y para la visión alquímica, la tierra es un principio femenino. Es materna, nutriente. La Gran Madre. La tierra es la materia opuesta al espíritu, pero también indispensable para el equilibrio del universo mismo.

Por «tierra» entendemos la zona fría: a esta deberéis reconducir todos los ingredientes y utensilios que, en vuestra mente, por asociación mental, os recuerden lo frío o lo húmedo. Comprenderéis que no me refiero solo a la nevera o al congelador, sino igualmente a los recipientes para el hielo, a las bolsitas para hacer los cubitos, a las pinzas, a la cubitera...

A nadie le gusta que se mire en su frigorífico. Pocos electrodomésticos resultan tan íntimos. Es como si nos mirasen dentro de la boca, o en el cajón de la ropa interior. No nos hace gracia que nadie de nuestro círculo íntimo apoye la mano sobre las cosas que nos provocan amor/odio porque nos sentimos violados, investigados, analizados, observados en nuestra relación más íntima con la comida, y no solo con ella.

Cuando estaba soltera, para saber si me apetecía de verdad que un hombre entrase en mi vida, esperaba a invitarlo por primera vez a casa para conocer mi reacción cuando él se acercara a mi nevera: si me resultaba intolerable, difícilmente aquella incipiente relación tendría futuro.

Por eso aprendemos también a observar los frigoríficos con los que nos topamos, pero nunca abrimos la nevera de un amigo o de la suegra si no nos invita explícitamente a hacerlo.

¿El frigorífico de alguien que os interesa está vacío? Nunca come en casa, o es soltero, o su pareja está agotada..., difícilmente será la cocina un lugar de transformaciones e intercambios emocionales.

¿Solo hay verdura, fruta, vitaminas, complementos alimenticios, bebidas sin alcohol o pócimas para cuidar la salud? Sufre de ortorexia, el nuevo trastorno alimentario que padecen las personas obsesionadas con la comida sana y dietética.

¿Salsas, salchichas, embutidos, quesos, nata, zumos, trozos de tarta y de timbales? Es el frigorífico de alguien a quien obviamente no le preocupan el colesterol ni las calorías.

¿Contiene solo comida preparada, precocinada o congelada? No tiene tiempo para cocinar. ¿Lo tendrá para ti?

¿La nevera rebosa de comidas exóticas, japonesas, bayas, sushi hecho en casa, aceites esenciales *home made*, experimentos de fermentación y residuos de pasta madre ya difunta? Tiene alma de investigador.

Pero volvamos a nosotros. Como hemos hecho con la cocina en general, saquemos algunas fotos del interior de nuestro frigorífico: esto nos permitirá tomar conciencia de la realidad como si no fuese una realidad producida por nosotros. No hagamos diagnósticos, por favor: simplemente «mirad la foto de la nevera y preguntaos con sinceridad qué cuenta ella de vosotros».

Pasemos ahora a la parte práctica. ¿Cómo se coloca la compra en el frigorífico? Para cada modelo concreto, los fabricantes suelen ofrecer consejos útiles, pero el esquema general es el siguiente: los alimentos crudos, que se deterioran más fácilmente, van colocados en las baldas más frías; los ya cocinados, que tienen menos riesgo de desarrollar bacterias, en las repisas intermedias o altas. En general las temperaturas de cada estante están indicadas en el folleto de instrucciones, pero como, si os parecéis a mí, antes de esta conversión a la vida ordenada sin duda ya lo habréis perdido..., consultad en la red las instrucciones de vuestro modelo de nevera.

A propósito del tema, permitidme abrir un paréntesis. Con el paso de los años he aprendido que no encontrar los folletos de instrucciones, las garantías, o tantos otros documentos, recibos de multas pagadas o pendientes, certificados, historiales médicos, justificantes de los gastos comunes..., me creaba una ansiedad enorme. Yo fingía no preocuparme del problema, pero me provocaba cierto desasosiego, incluso sin que yo lo advirtiera. Así que decidí que era un precio demasiado alto por algo tan insignificante y pensé en dos opciones; elegid la que prefiráis. La primera es destinar un cajón único para todos los folletos de instrucciones y garantías de los electrodomésticos de toda la casa. La segunda es destinar un espacio en

cada habitación para los folletos y las garantías de los electrodomésticos presentes en ella. Tomad una decisión y no cam-
biéis de idea. Yo ahora vivo mejor, y cuando llega el técnico de
la revisión periódica de la caldera ya no me entra el sudor frío
cuando me pregunta: «¿Me da el certificado del año pasado?».
Cierro el paréntesis. Estas son las indicaciones mínimas
para colocar en el frigorífico vuestra compra.

- Puerta: mantequilla, agua, leche, vino, salsas
  preparadas.
- Zona alta: huevos, mantequilla, quesos, yogures,
  embutidos cerrados, alimentos cocinados.
- Zona media: pasta y carne ya cocinadas que se usarán
  en breve, zumos, verduras cocinadas, salsas.
- Zona baja: carne sin cocinar, pescado crudo, volatería.
- Cajones: toda la fruta y verdura fresca. En la nevera,
  las verduras se colocan abajo, en la parte menos fría,
  en bolsas de papel y no de plástico. Las bolsas de
  papel del pan son estupendas para conservar la
  verdura (además de los quesos curados) porque
  envuelven los alimentos pero les dejan transpirar. En
  el congelador, antes de guardarlas, las hortalizas
  deben cortarse en trocitos y las legumbres escaldarse.
  Es evidente que las verduras han de lavarse bien
  (incluso aquellas en cuya etiqueta ponga que ya han
  sido lavadas) y, para mayor seguridad, acordaos del
  viejo bicarbonato, que conviene añadir al agua.

Uno de los problemas más extendidos en la cocina es la
pérdida de control sobre la caducidad de los alimentos. Todos

hemos sentido la desilusión al agarrar un maravilloso bote de mermelada de arándanos bio, adquirido durante las vacaciones en la Provenza y por el que habíamos pagado un ojo de la cara, y descubrir que había caducado.

La solución del problema a primera vista nos parecerá una pérdida de tiempo, pero al final nos hará sentir felices, porque además de orden nos traerá ahorro y armonía tanto en la nevera como en la despensa. Cada vez que hagamos la compra y nos demos cuenta de que ya tenemos un paquete de cierto producto (no debería suceder que tuviéramos más de dos envases de lo mismo), bastará con colocarlo detrás del que ya teníamos en casa. Así lo primero que veréis y cogeréis será el producto cuya fecha de caducidad esté más cercana. Es exactamente lo mismo que hacen los expertos de marketing en los supermercados: colocan en la parte delantera los alimentos más próximos a caducar, a fin de agotar las existencias de un modo eficiente.

En general los huevos disponen de su propio contenedor en la puerta. No deben enjuagarse antes de cocerse, para no eliminar la película natural que los protege.

No apoyéis los alimentos en la pared del fondo: podríais perjudicar al funcionamiento del aparato.

También son muy útiles los cestitos portaalimentos. Si no tenéis la suerte de poseer un frigorífico de última generación, haceos con unos cestitos de plástico de colores, y destinad un color a cada categoría: salsas / quesos / trozos de tarta o de timbales (cerrados en recipientes herméticos) / embutidos. Escogedlos más bien de poca altura, para poder colocarlos en cada compartimento. Compradlos de plástico, porque son más higiénicos, y perforados, para no impedir la necesaria ventilación dentro del frigorífico. En las tiendas especializadas existen de todas las formas y colores. Los más funcionales tienen un asa en su lado más corto para poder ser agarrados mejor, y que así se recuperen con mayor facilidad los alimentos que hayan quedado en el fondo. Podéis también añadir baldas en la nevera, para disponer de forma «recostada» productos altos como los tetrabriks de zumos de fruta, o adquirir platos giratorios sobre los cuales colocar pequeñas latas que así serán más fáciles de encontrar (y también de buscar).

No pongáis una gran cantidad de alimentos calientes en el frigorífico porque, de hacerlo, la temperatura subirá; dejad que la comida se enfríe antes a temperatura ambiente (recordad que todos los restos de alimentos cocinados deben volver a meterse en la nevera antes de que pasen dos horas desde que hayan sido servidos).

No metáis tampoco demasiados alimentos en el frigorífico. Si lo llenáis hasta el punto de que no haya espacio entre los productos, el aire no logrará circular y el reparto de la temperatura se verá obstaculizado. Si dejáis que se acumule escarcha, la nevera no funcionará de un modo eficaz. Además, cuanta más se amontone, menos espacio habrá. Descongelad vuestro frigorífico regularmente y usad agua caliente con un poco de vinagre para anular los olores.

Pasemos al congelador. Para utilizarlo de forma correcta basta básicamente con evitar que entren en contacto los alimentos congelados con los alimentos que se desean congelar. El motivo es sencillo y tiene que ver con la física: un cuerpo que no está frío cede calor. La segunda norma fundamental es no recongelar alimentos ya descongelados.

Otra cosa es el orden. El problema más extendido es siempre el mismo: «¿Cuándo congelaría yo este tarrito? Y, sobre todo, ¿qué era esto de color rojizo?». Saber qué es cada cosa y cuándo la hemos almacenado en el congelador es muy sencillo, pero me pregunto por qué pocas personas lo hacen. Muchos de nosotros metemos en él a toda prisa carne, restos de comida y alimentos crudos y luego nos olvidamos de ellos. La solución es muy sencilla. Cada tipo de alimentos se introduce en su bolsita correspondiente, en la que con un rotulador se escriben los datos fundamentales, algo del tipo «Carne asada, mayo de 2016».

Al principio refunfuñaréis, pero después seréis felices. También lo fue mi colega periodista Simona, reportera gráfica con dos hijos, un perro y un suegro desordenadísimo; llegó a encontrar en el fondo del congelador una bolsita de habichuelas del 2001.

La secuencia correcta es la siguiente: compro los guisantes frescos —los pelo— los meto en la bolsa —escribo en ella la fecha y el nombre. Después los coloco en el congelador, poniendo delante de ellos las verduras que ya llevaban más tiempo.

Un consejo útil, tanto para el área «fría» como para la despensa es «pensar en porciones». Poco después de casarme, con 18 años —no era más que una cría—, tenía que cocinar por la noche para el día siguiente porque estaba en mi último año de instituto. Lo que más me costaba era acertar con la cantidad. Con los años he comprendido que la mejor forma de no desperdiciar tiempo ni dinero es pensar en porciones. Incluso en el seno de una familia numerosa puede haber que cocinar una sola porción de pollo mientras todos los demás desean un plato de espagueti. Cada porción irá envuelta por separado o metida en un recipiente individual, y colocada en la nevera o en el congelador; cuando haga falta, se sacará y se cocinará una sola o cuantas se quieran.

Finalmente me gustaría romper una lanza en favor de las cenas y las recetas para «vaciar la nevera» o «vaciar el congelador». Que solo tienen de triste el nombre, porque cuando las he organizado bajo esta bandera, nunca la fantasía se desencadenó tan bien ni con tan buenos resultados. ¿Por qué soy partidaria de las cenas en grupo para «vaciarlo todo» al menos una vez al mes? Porque son un óptimo instrumento del orden. Haréis espacio a los amigos y al mismo tiempo haréis espacio —y pondréis orden— en la cocina.

Aire

Levantemos la vista. Es hora de ocuparse de la despensa, de las repisas, de las alacenas, en resumen, de todo aquello que en nuestra cocina está por encima de nosotros. Estamos en el área emocional del aire.

En la tradición clásica, el aire es un elemento superior, que en la escala de importancia filosófica va solo por detrás del fuego. Es el enlace entre el mundo material y el espiritual, es decir, el vínculo entre el mundo inferior y el superior. Y, si queremos que nuestra cocina se convierta en este nexo, debe ser airosa.

Energía vital, respiración indispensable para la vida, el aire es libre, nadie lo puede encerrar. Y representa la energía del pensamiento. Los yoguis lo llaman *prana*. Quien infravalore este elemento en su propia cocina nunca sentirá la felicidad de disfrutar de ella.

Además, el aire es hermano de la luz. Sumergir nuestra cocina en un baño de aire y luz: basta eso para cambiar radicalmente nuestra relación con esta estancia de la casa. Por eso en el orden es fundamental el elemento aire. Abrid las ventanas de vuestra cocina y preparad vuestras alacenas, despensas y repisas para recibir los alimentos que colocaréis en ellas. Y dejad que vuestras emociones vaguen por la estancia, libres.

En mi largo peregrinar de cocina en cocina he advertido que las personas más «sanas» en cuanto a su relación con la comida y con sus familiares tienen la buena costumbre de airear la estancia y de hacer lo posible por iluminarla bien con luz natural. Airear e iluminar significa dejar entrar el mundo, no tener miedo de la luz que ilumina la verdad de las cosas. Por contra, todas las personas afectadas de fobias, pequeños delirios paranoicos, recelo y desconfianza respecto a sus vecinos tienen la costumbre de no abrir de par en par las ventanas, de no correr las cortinas, de encender la luz eléctrica incluso de día. Y en sus cocinas con frecuencia reinan la suciedad y el desorden.

Aunque la temperatura sea inferior a cero grados, abramos las ventanas. Es como abrir nuestra alma a la luz de la purificación. La salubridad de la casa y de vuestros pensamientos depende del aire y del suspiro cósmico que os rodea. El estancamiento y la humedad son los peores enemigos tanto de la salud de las paredes —pues favorecen la creación de un moho antiestético y poco higiénico— como de vuestra salud interior. Por eso es absolutamente indispensable airear la casa al menos dos veces al día. Del mismo modo, el estancamiento de los pensamientos negativos produce en nosotros el odioso fenómeno de la «rumia». Quien rumia no alcanza jamás la solución del problema y continúa buscándola obsesivamente. Os haré una confesión: ni en mi cocina del pueblo ni en la de la ciudad, que comparto con mi pareja, hay cortinas. Y tampoco en mi casita frente al mar. No hay cortinas, porque mis cocinas están sedientas de luz y de aire.

Para ordenar las alacenas y la despensa, es indispensable que todo esté fresco y limpio. De modo que el primer paso es liberarlas de todo aquello que contengan, colocándolo sobre la mesa. Aprovechad para revisar el estado de conservación de los alimentos y su fecha de caducidad, y para tirar lo que haya caducado.

Despejad de polillas las alacenas y la despensa. Aunque estas suelen infestar las harinas y los cereales, revisad también la fruta seca, los dulces, la comida de los animales, etcétera. Eliminad la comida que hayan invadido, pero no la tiréis dentro de casa: es necesario sacarla fuera, a fin de deshacerse también de los huevos de las polillas.

Limpiad y desinfectad el interior de las alacenas y de la despensa, pasando primero el aspirador por todas las ranuras y después preparad la siguiente poción; es una receta muy usada, mi abuela paterna ya la utilizaba y me la dio a mí, esposa chiquilla de dieciocho años, escrita en una hojita:

- ◆ agua caliente y jabonosa
- ◆ vinagre blanco
- ◆ uno de estos aceites esenciales: menta, citronela, eucalipto, árbol del té

Ponedlo todo en un envase con espray y comenzad la limpieza. Cuando todo esté limpio y desinfectado, colocad en la despensa alguna hoja de laurel.

Si no lográis liberaros de las polillas, deberéis guardar todos los productos en recipientes de plástico o vidrio, cosa que de todos modos os recomiendo.

Gestionar
la despensa

Al margen de las polillas, estos son los pasos que os sugiero teniendo en cuenta lo que sucede en una cocina que está viviendo la experiencia de la alegría del orden.

Imagino que soy el encargado y, según la regla esencial, en cocina solo mando yo. Entro en la cocina y leo en la pizarra prevista para tal fin que se están acabando las lentejas. Voy a revisar la alacena. Es cierto. Salgo a comprarlas, las echo en su recipiente, recorto la etiqueta del paquete, donde está indicada la fecha de caducidad, y la pego con un poco de cinta adhesiva al recipiente, que coloco detrás del que se está terminando. Sencillo, ¿no? ¿Os parece un proceso muy largo? Quizá, pero todo el tiempo que ahorraréis desde este momento en adelante os compensará estos pocos gestos.

Y lo mismo haré con la pasta y el arroz, las legumbres, los encurtidos, las galletas y los cereales.

Sí, ya lo sé, Marion, que está soltera y finalmente ha logrado permitirse un apartamento de dos habitaciones lejos de su madre, me plantea: «Pero si no he tenido que pensar nunca en una familia, ¿cómo sé qué debo tener siempre en casa para estar preparada para cualquier imprevisto? ¿Con qué debe contar una despensa perfecta?». Efectivamente, es un error dar por sentado que todos sabemos cómo rellenar nuestra despensa. Los amigos de mi hijo, que se disponen a compartir piso para ir a la universidad y dividir los gastos, me preguntan lo mismo: ¿qué es lo indispensable en una alacena-despensa?

Vale, ahí va una lista de los productos no perecederos necesarios para que, a la llamada de un amigo a eso de las nueve —«Vamos a cenar dos, ¿nos preparas algo?»—, no tengas que balbucear una excusa.

Una «señora despensa» incluye sal fina, sal gorda, azúcar granulada; al menos un par de harinas, una para repostería y otra para pan y pizzas; levadura de repostería, levadura de cerveza seca, algún palo de vainilla, aceite virgen extra, aceite para freír, dos tipos de vinagre: blanco y balsámico.

Conservas: tomate triturado, atún en conserva, salmón o caballa en lata y dos o tres tipos de legumbres, como garbanzos, lentejas o guisantes. Algún bote de encurtidos.

Dos tipos de arroz, para sopas, *risottos* o ensaladas; tres o cuatro formatos diferentes de pasta, galletas tipo *cracker* y algún pan tipo *grissino* (el pan de reserva es mejor comprarlo bueno y congelarlo).

Café normal y descafeinado, tés diversos según gustos, manzanilla e infusiones. Y cacao, un par de botes de mermelada, miel, vuestros cereales preferidos para el desayuno, leche que se conserve durante bastante tiempo (es mejor fresca, pero tened esta también como reserva). Y galletas, bizcochos y una tableta de chocolate. Todas las especias y hierbas aromáticas que no tengáis la posibilidad de consumir frescas (pimienta, orégano, nuez moscada, canela).

Añadid a esto todos vuestros alimentos preferidos y, obviamente, si sufrís alguna intolerancia o alergia, sustituid o eliminad dichos productos por otros que tengáis permitidos.

No obstante, esta es una despensa bien abastecida. Recordad que todos aquellos que frecuenten la cocina deben apuntar siempre qué se está acabando o se ha terminado. Aunque se haya desatado un incendio en el primer piso, antes de escapar con las joyas de la familia, habéis de acordaros de escribir en la pizarra u hoja correspondiente «comprar aceite»: solo de esta forma vuestra cocina funcionará bien. Y recordad la regla del dos: salvo que en vuestra casa viva un equipo de rugby o tengáis ocho hermanos gemelos, es absolutamente inútil tener en la despensa más de dos paquetes de cada producto. Si queréis hacer una pequeña reserva, porque habéis encontrado una oferta interesante, entonces preparad un armario o una alacena aparte solo para ese uso. Pero solo si disponéis de espacio suficiente.

Está prohibido decir «no tengo tiempo» o «justo me llamaron por teléfono». Si sois vosotros la persona sobre quien ha recaído la tarea de ser el jefe de la cocina, no podéis sino dar un buen ejemplo.

¿Disponéis de un pequeño presupuesto y queréis darle un toque de novedad a vuestra cocina? En vez de estantes fijos dentro de vuestra despensa, instalad soportes y cestillos extraíbles que permitan el acceso a su contenido de un modo rápido e inmediato. Es una solución práctica para tenerlo todo finalmente a mano, incluso los objetos más difíciles de alcanzar. Podéis adquirir unos con ruedas o unos que se monten, para organizar lo mejor posible el espacio libre de la cocina.

Una despensa
en armonía

Uno de los mayores defensores de la despensa es mi amigo, el cocinero y filósofo Fabio Picchi. Sostiene que nuestro patrimonio cultural reside en la cocina y que lo salvaríamos si los frigoríficos se volvieran más básicos y las despensas más amplias. En la despensa está escrito el origen de nuestra cultura.

Supongamos que la auténtica despensa es como una alacena donde se colocan todos los productos que no precisan el frío para conservarse, y de uso cotidiano: pasta, arroz, azúcar, harinas, galletas, etcétera. Hace tiempo también se ponía allí el pan y las conservas, bien cerradas, a prueba de ratones. En muchas casas alejadas de la ciudad sigue siendo así.

El interior de las alacenas debe pensarse como un armario ropero. En la práctica, antes de colocarlos en su interior, poned los alimentos sobre la mesa y subdivididlos allí por tipo y género.

Pero una vez que hayamos reunido harinas con harinas, conservas con conservas, pasta y arroz, especias y condimentos..., ¿en qué lugar los colocaremos en el interior de la alacena y la despensa?

Tras tantos años observando mi cocina y la de los demás, me he dado cuenta de que la forma en la que las personas colocan los productos y la compra en su despensa se puede «leer», porque habla de nosotros. He descubierto que hay quien ordena la despensa siguiendo instintiva e inconscientemente un orden emocional, y me gusta pensar que existe una especie de asociación mental entre los tres elementos de nuestro ser y los estantes de la despensa: la parte emocional (corazón), la parte racional (cerebro) y la parte instintiva (pelvis). He probado a realizar un experimento con un grupo de personas, nada científico, ¡por favor! Y esto es lo que sucedió.

Marta está muy delgada, hace deporte y no presenta ningún problema de peso. «¿Dónde pondrás la Nutella, las chocolatinas y los botes de mermelada?», le pregunto. «A mano, así en el desayuno y la merienda puedo acceder fácilmente a esta parte de la despensa, y coger los alimentos que me aportan energía», responde. Lo mismo me ha contestado Cesare, de 25 años, representante, y Giovanni, un loco de la bicicleta.

Idéntica pregunta le he planteado a Luisa, que tiene un ligero sobrepeso y siempre está peleándose con la báscula. «¡Arriba! Le he pedido a mi madre que los ponga lo más alto que pueda, porque así cada vez que me aceche la tentación tendré que coger una silla y estirarme para llegar al chocolate *& company*». Lo mismo, más o menos, me ha respondido Daniele, estudiante de Medicina, que añade: «No tengo problemas de peso pero sé que demasiado azúcar es perjudicial... No puedo obligar a mis compañeros de piso a que no los compren, pero prefiero no verlos».

Angela es una espléndida nonagenaria, lúcida, sabia y llena de proyectos. «Yo a la altura del brazo pongo también mis medicinas. Las coloco en un cestillo de mimbre y así me aseguro de no dispersarlas por toda la casa. ¿Por qué las tengo en la cocina? Porque debo tomarlas casi todas antes o durante las comidas, me parece el lugar más lógico». Angela las ha colocado sabiamente a la altura del corazón.

«Cocino la pasta todos los santos días para mí y para mis hijos, por eso pongo los paquetes a la altura del corazón.

Cerca de los tarros de tomates pelados y salsa hecha por mí o por mi madre», dice Giovanna. Esa es su comida preferida.

Conclusión: es imposible daros reglas generales o absolutas sobre la disposición de la despensa y de las alacenas. Por ejemplo, si tenéis hijos, es justo que una balda que les resulte accesible a ellos se destine a colocar los alimentos que formen parte de su merienda o desayuno; así les enseñáis a respetar los horarios y las cantidades sin obstaculizar su autonomía. Si por el contrario queréis mantenerlos alejados de las tentaciones, colocadlos a la altura del cerebro, un poco más arriba. En líneas generales, orientaos así: cuanto más utilicéis ciertos ingredientes, más a mano los deberéis tener. Cuanto menos los uséis, más alejados deberéis colocarlos de vuestra área preferida.

Utensilios para
ahorrar espacio

Un clásico para ampliar el espacio en la cocina es la barra cuelgatodo. Las hay de todos los colores, estilos y materiales; recordad que debe ser coherente con el estilo de vuestra cocina. Evitad hacerla pasar sobre los fogones. Se fija con dos agujeros en la pared y se completa con accesorios portautensilios como tazas, especieros, repisas para frascos, soportes para tapas o cucharones, etcétera.

Los cestillos pueden recoger todo aquello que no encuentre un verdadero espacio propio, pero no exageréis: alinead como máximo tres, de dimensiones escalonadas. Si la superficie de trabajo es suficientemente grande se puede reservar un espacio para los cestillos que contengan todo lo que quizá no encuentre una colocación precisa.

También las puertas de los muebles son minas de espacio. En ellas pueden fijarse portaobjetos flexibles con estantes regulables, llenos de recipientes para pequeños objetos y el portarrollos de cocina.

Si no queréis perforar las baldosas, podéis utilizar muchos ganchos con ventosas para colgar cubiertos, trapos, utensilios y cosas así. Y entre los trucos para organizar y mantener limpia la cocina sin perforar las paredes también está siempre la gran familia de los «magnéticos», recipientes de toda clase que se pegan con imanes a las paredes y a las puertas de nuestras alacenas. He visto, por ejemplo, especieros magnéticos: para encontrarlos rápido se pegan etiquetas adhesivas con el nombre, colocándolos por riguroso orden alfabético. Si os gusta leer recetas en la tableta mientras cocináis tranquilamente con las manos en la masa, existe una sutil lámina metálica que servirá de base al dispositivo para que no exista riesgo de ensuciarlo o que se caiga. En la misma familia magnética existen soportes para cuchillos, y de distintos tamaños para agarrar todos los utensilios de metal. O rejillas con ganchos para cucharones, trinchadores o paños. También existen abridores de botellas magnéticos e incluso trapos magnéticos para pegarse (pero con parsimonia, para no crear desorden) a la pared y también una escobilla magnética que finalmente ha conseguido recuperar un viejo decantador de cristal de boquilla estrechísima que había renunciado a utilizar hace muchos años.

El espacio del aire es apropiado para sostener y organizar toda una serie de utensilios y accesorios que no podrían permitirse en una cocina pequeña. Por ejemplo, un colgador para copas suspendido de la pared: permite ahorrar mucho espacio interno.

Y, finalmente, permitidme elogiar uno de mis objetos preferidos, apropiado para todo rincón. El único que puede pasar de un área a otra de la cocina y también salir a la sala de estar o al comedor: el carrito de camarera. Para tener siempre a mano y en orden todo aquello que haga falta. Hay fabricantes que lo han diseñado de forma que pueda convertirse en una mesita, ideal para apoyar las botellas de vino o los platos de reserva cuando hay invitados.

Cajones y repisas
a la vista

Los cajones pueden ser una pesadilla. He visto muchas cocinas en mi vida, y, si bien los más organizados logran mantener ordenados los armarios, casi todos «tropiezan» en los cajones. El problema es que a estos les obligamos a contener muchas más cosas de lo que permite su capacidad.

Lo ideal sería tener un cajón para cada una de nuestras áreas emocionales: agua, aire, fuego y tierra. Allí colocaremos los utensilios y accesorios relacionados con cada área.

Si un cajón es muy grande, pensamos: «¡Qué bien! ¡Cabrá todo!». Pero, en realidad, acabaremos por tirar dentro cualquier cosa a lo loco. El truco es dividir el cajón en compartimentos. Se puede utilizar de todo, desde la tapa de una caja de cartón al recipiente de plexiglás reciclado (¡qué amables los universitarios amigos de mis hijos!) o a unos divisores específicos. Los hay de todos los precios, desde los de plástico que cuestan pocos euros a los de los materiales más tecnológicos. Para los cuchillos, que siempre es peligroso ver vagar por los cajones, se pueden escoger elegantes tacomas en madera de haya, que no arruinan las hojas, o la caja «Mikoto», en la que cualquier tipo de cuchillo encaja perfectamente entre palillos de bambú. Todo se puede pedir también por internet, revisando bien antes de hacerlo las medidas del cajón.

Las repisas a la vista son estéticamente placenteras y ordenadas solo si nos resultan agradables en cuanto a su forma y color. Por tanto, intentad obtener armonía también en la disposición de botes o frascos sobre la repisa.

A mucha gente le gusta tener a la vista, sobre estantes y repisas, los recipientes que contienen alimentos y utensilios. La elección del material es libre, pueden ser tarros de cristal (más cómodos al ser transparentes). Por desgracia, con el tiempo se tiende a dejarlo todo fuera. Vuestro compromiso es encontrar el espacio en el interior de la cocina, no en el exterior.

A propósito de botes: he reconsiderado los recipientes de cristal con cierre hermético. Me gustan y son funcionales; además, son muy respetuosos con el medio ambiente. Si escogéis los botes de cristal para ponerlos sobre las repisas o a la vista, debéis etiquetarlos. Cuando me lo enseñó una *lady* inglesa anciana, salida de una cocina fantasmagórica de estilo victoriano, pensé que nunca tendría tiempo; después, una vez que aprendí, le cogí gusto. Podéis recortar un trozo del paquete en el que venía el alimento y colocarlo dentro, pero es mucho más divertido realizar la etiqueta a mano. Si no os convence este aire tal vez demasiado casero y tenéis una cocina supertecnológica, podéis dejar los frascos en el interior del mueble; los hay de todos los materiales, incluso en aluminio con ventanilla trasparente, para que podáis reconocer el contenido.

Sin embargo, las repisas a la vista son siempre una trampa para los desordenados. Un frasquito destapado, un bloc de notas, una botella de vino polvorienta, un viejo recuerdo de alguna celebración..., y las baldas se convierten pronto en una especie de tienda de los horrores. Para no correr este riesgo recordad la regla: tres son armonía y uno desorden. Un frasco de cristal verde, una caja *shabby chic,* un marco dorado y un antiguo plato de cerámica de flores no tienen nada en común porque son objetos independientes y de estilos diversos. Si, en vez de ello, sobre cada repisa agrupamos frascos de cristal y cerámica de color verde y distintos tamaños para utilizarlos como recipientes, le añadimos alguna planta de hoja perenne y dos trapos del mismo tono, habremos creado una armonía. O si decidimos crear una pequeña colección de marcos y cajas doradas entre las que haya un hilo conductor, daremos una identidad a nuestras repisas. Lo importante es la coherencia. Olvidaos de colocar una serie de frascos de especias con motivos florales sobre la encimera de acero de una cocina supermoderna.

Sobre mis baldas preferidas siempre hay algún recetario, pero sin exagerar. Mostrar los libros de cocina en una estantería pequeña es agradable, pero no los coloquéis demasiado cerca de la zona de cocción, para evitar que se manchen.

Resumiendo: la regla es «agrupar, no amontonar». Y lo mismo os digo para las alacenas cerradas y la despensa. Platos con platos, tapas con tapas, manteles con manteles, conservas con conservas, condimentos con sal, pimienta, etcétera.

Pero, ¡atención!, los objetos funcionales, aquellos que necesitamos para un uso específico, se agrupan por género, mientras que los objetos que tienen un valor decorativo se

pueden reunir por color o forma. Por ejemplo: no puedo asociar una cacerola y un paño solo porque ambos sean rojos.
Primero la función, después la estética. Tened bien en mente
este principio sobre todo si estáis en fase de decoración de
vuestra cocina. Giovanna tuvo que discutir mucho para con-
vencer a su marido de un tono blanco nata para las sillas de su
cocina: después de tres meses hubo que volver a tapizarlas.

Agua

El agua está investida de uno de los valores esotéricos más potentes: el de ser fuente de vida, principio de la reproducción e instrumento de regeneración. Discurre por las profundidades a través de la materia y retorna a la superficie cargada de energía, es un elemento femenino y pasivo en la interpretación cósmica. Ya hemos hablado de la importancia de la fase de la purificación a través del agua. Sobre todo si entramos en una cocina que no sentimos todavía como nuestra. Todos los pequeños rituales servirán para agilizar las fases de apropiación.

No es casualidad que cada vez que me sucedía algo traumático en la vida me recuperara fregando una ventana o agachada frotando la junta que separaba dos baldosas del baño. Tareas que me habría cuidado mucho de realizar en cualquier otro momento. Pero, cuando estamos agitados, algunos reaccionamos con el ímpetu del ama de casa perfecta. Agua, cepillos y trapos alejan la ansiedad. Por no mencionar que ordenar y limpiar la cocina adelgaza; o, al menos, eso es lo que se desprende de un estudio del Food and Brand Lab de la Universidad Cornell. En él se observó el comportamiento de 98 mujeres divididas en dos grupos; las del primero de ellos debían pasar su tiempo en una cocina sucia, y las del otro en una ordenada. El resultado mostró que si la cocina está desordenada tendemos a comer más; es decir, que para adelgazar debemos ordenar el ambiente en el que comemos, sobre todo si estamos estresados. El sentido del experimento es también la base de mi teoría: si todo está desordenado y sucio, ¿por qué no iba a estarlo también yo? Uno acaba por parecerse a su cocina.

Por desgracia, me he dado cuenta de que en la mayor parte de las cocinas tradicionales el área del agua es la más «inestable» desde el punto de vista estético. Son varios los elementos perturbadores: alfombrillas de formas y colores diversos sobre el suelo delante del fregadero, escurreplatos y escurrecubiertos, esponjas y trapos esparcidos alrededor y, para colmo, esas horribles alfombrillas «antirrayones» y antideslizantes colocadas en el fondo de las pilas que, con el tiempo, se transforman en colonias de bacterias.

La solución es equipar la parte interior de las puertas cercanas al área del agua con ganchos fijos, magnéticos o de ventosas, y colgarlo todo de ellos. El portaesponjas también puede fijarse con ventosas directamente sobre el fregadero, pero sería todavía mejor que desapareciese a una zona menos visible. Las esponjas no deberían verse por ninguna parte.

Sí, ya lo sé: lavar los platos algunas noches resulta un esfuerzo colosal. El truco es escoger la cazuela más grande que hayáis usado para cocinar y llenarla de agua caliente y detergente introduciendo en ella poco a poco los platos y los cubiertos. Al final de la cena tan solo nos quedará enjuagarlo todo y colocarlo en el escurreplatos. Si tenéis un lavavajillas, ponedlo por la noche; por la mañana os gustará encontrar una cocina ordenada, que reciba con un buenos días a todos los que pasen por ella. Aprended a disfrutar del tiempo que transcurre desde el momento en que hayáis acabado de cenar hasta la hora de iros a la cama: es el tiempo ideal para un ciclo del lavavajillas.

Si el fregadero es demasiado pequeño para disponer y secar los platos y vasos después de haberlos lavado, buscad escurreplatos angulares y optimizados para espacios reducidos, fáciles de limpiar y con una bandejilla que favorezca la recogida del agua. En general, que los escurreplatos estén a la vista resulta feo, salvo que os decidáis a invertir en algún modelo de diseño.

En la mayor parte de las cocinas, los fregaderos todavía están encastrados: las ranuras se llenan de suciedad, agua y pequeños restos de comida. Si vais a cambiar de cocina, escoged un fregadero con la menor cantidad de juntas posible. De lo contrario, haceos con silicona para sellar todas las ranuras.

Una de las áreas más damnificadas y que pone a prueba a todo apasionado del orden es el espacio inferior al fregadero. Allí a nadie le gusta mirar. Llena de moho, malos olores provenientes del espacio dedicado a los desechos, detergentes y esponjas abandonados..., es una zona a menudo olvidada y dejada de la mano de Dios, un verdadero caos, pero que resulta fundamental para que una cocina sea activa. Organizadla como debe ser para no perder los productos, encontrarlos de forma ordenada y mantenerlos de manera segura. Pedid ayuda para organizarla y racionalizarla. Lo ideal es colocar una cestilla corrediza para meter los detergentes.

O considerad esta idea, la solución para agrupar y mantener el orden más curiosa que he visto nunca. Se encuentra en la minúscula cocina del apartamento de unos amigos universitarios de mi hijo, que encontraron el modo de utilizar incluso la parte inferior de las repisas, especialmente las que se encuentran alrededor del fregadero y los fogones. ¿Qué es necesario? Botes de cristal con tapas metálicas, como los de mermelada. En las tapas se realizan tres agujeros y en estos se introducen tres tornillos con los que las tapas se fijan en el lado inferior de la balda. A estas tapas se enroscan los respectivos botes, que contendrán condimentos o especias que no necesiten conservarse en el frigorífico, pero también pequeños objetos que normalmente se guardan en el trastero. Aunque solo es para cocinas espartanas, no deja de ser una buena idea.

Los residuos

Si os paráis a pensarlo, lo último en lo que pensamos cuando ordenamos una casa son los residuos. Nuestros abuelos no se preocupaban mucho de lo (poco) que se desechaba. Quien vivía en el campo consideraba los residuos muy preciados para la tierra y los animales. Quien residía en la ciudad en un edificio compartido los tiraba por una especie de puerta maloliente que había en el rellano de cada piso del bloque. El ruido de la bolsa cayendo hacia los cimientos me impresionaba mucho, yo imaginaba que en las entrañas del edificio crecía una montaña de bolsas... En la ciudad, en resumen, los residuos yo los veía como hostiles. En cambio, cuando iba a Liguria, durante los largos veranos que pasaba con la abuela, los desechos se volvían mis amigos: los posos del café abonaban los tiestos de azaleas, las bolsas de plástico cortados en tiras como si fueran hilos de lana se convertían, en manos de la abuela, en tapetes y carteritas; las peladuras y los corazones de las manzanas eran un ingrediente preciado para espesar la mermelada... Ella me decía: «¿Sabes qué vamos a hacer con esta leche caducada? Dejaremos que se temple y la extenderemos con delicadeza sobre unos guantes de piel, usando un algodón. Con ello sacaremos brillo a tus zapatitos de charol: primero con un trapo empapado en leche fría y después, para lustrarlos, con un paño de lana». Y así sucesivamente. Es un poco así como me gustaría que vierais los residuos, como una nube que bien se marcha, bien se convierte en una lluvia saludable.

Si la realidad está en nuestra mente, debemos esforzarnos para no considerar los residuos como algo necesariamente sucio y negativo, basura inservible. En lugar de ello, coloquemos todo desecho en la parte baja; cerca del suelo y en la tierra están las cosas sucias y corruptas, mientras en lo alto siempre situamos las nobles, ligeras y agraciadas.

Pero ¿qué representan, en el fondo, los residuos? El molesto ruido de fondo de nuestra vida, el sentimiento de culpa, las preocupaciones, la ansiedad, los miedos, la costumbre de caer en el victimismo o el infantilismo.

Pues bien, volverse consciente de los propios pensamientos negativos, esto es, de nuestra «basura mental», es un paso importante hacia la liberación, hacia el cambio. Si nos lo negamos, la basura mental frenará nuestra creatividad y espontaneidad.

Al igual que lo que nuestra mente desecha tiene una función positiva porque deja vía libre a pensamientos más altos y sutiles, del mismo modo deberemos aprender a ver los residuos de nuestra cocina de forma positiva y pensar que nos liberan espacio útil; y, sobre todo, que pueden ser reciclados para proyectos nuevos, que acabarán en otras manos. Especialmente los orgánicos, que pueden ser reciclados de mil maneras. Se puede obtener un riquísimo fertilizante para plantas y jardines, y no hay excusas ni siquiera para aquellos que viven en la ciudad: no hace falta más que un tiesto de romero y una planta de violetas para fabricar abono. Si tenéis amigos con jardín o balcones, os lo agradecerán. Los recipientes específicos para ello pueden comprarse en tiendas de jardinería. Los residuos inorgánicos, en cambio, son decididamente más antipáticos. La eliminación del plástico y de otros materiales sintéticos se ha convertido en un problema con el aumento de la población.

Por eso debemos empezar desde más atrás y pensar que cuantos menos desechos se produzcan, menos se contaminará, y menos nos costará eliminarlos. Y que todo parte de la compra. Hasta donde sea posible, escojamos de las estanterías del supermercado los productos que vengan en un único envase, y mejor si este es de material reciclado o reciclable y no de poliestireno. Y sería mejor todavía comprar productos a granel, como fruta y verdura fresca. En este caso, llevar desde casa bolsas de tela reutilizables es preferible a utilizar las de plástico de usar y tirar. Hoy día empiezan a proliferar las tiendas en las que puede encontrarse también a granel el arroz, los cereales, las harinas, además de los detergentes y otros líquidos. Y, a este respecto, podemos ahorrar muchísimo en relación con el agua: la del grifo está sometida a controles severos. Y lo mismo ocurre con todas las bebidas de barril, ahora fáciles de encontrar. Basta pensar en el distribuidor de leche fresca, casi siempre producto local.

Antes de tirarlos, los paquetes también pueden reutilizarse. No obstante, hay que tener cuidado de no obsesionarse con el reciclaje. Tengo una amiga, Laura, que en su cocina atesora más recipientes de yogur que platos. «Me disgusta tirarlos, porque sin duda me servirán para algo, y de hecho acabo usándolos». De acuerdo, pero si ya tienes un par de ellos de reserva y no vas a dejar de comprar yogures, ¿para qué vas a guardar una docena? ¿De qué te sirven pilas de hueveras, bandejitas de plástico, poliestireno y cartón, o decenas de tarritos de encurtidos sin tapa?

Volvamos a la basura y pasemos a la práctica. Los residuos orgánicos tendrían que colocarse entre la zona de la tierra y la zona del agua, y en cualquier caso cerca del fregadero. Los desechos inorgánicos de plástico o vidrio pueden ser acumulados también más lejos, en el patio, el balcón o el trastero. En realidad, mientras se está cocinando solo hace falta el contenedor de orgánico, que después deberá quedar alejado para que no percibamos sus eventuales malos olores.

En las nuevas cocinas existen cajones sobre rieles con cuatro contenedores distintos incorporados dentro de los cuales se introduce la bolsa correspondiente, en función del destino de los residuos. Pero en cualquier cocina los contenedores han de poder identificarse rápidamente (por colores o con una etiqueta escrita a rotulador), de forma que todos los residentes en la casa los utilicen sin que les surjan dudas, sobre todo los más pequeños. Etiquetar cada contenedor les facilitará el uso también a los invitados, que no tendrán que preguntar cada dos minutos: «¿Dónde va esto?».

Cualquier puerta de la cocina se puede equipar como compartimento para los residuos. Incluso los espacios de las esquinas, que son incomodísimos y el lugar por donde los objetos tienden a esparcirse, pueden ser aprovechados y albergar algún contenedor para realizar la recogida selectiva.

Fuego

El fuego es el elemento por excelencia de la cocina. Sin fuego no se habría formado en la noche de los tiempos ninguna de las formas ancestrales de esta estancia. Es un principio dinámico, masculino, opuesto al agua. Uniendo el símbolo del fuego (un triángulo con un vértice hacia arriba) y el del agua (un triángulo con un vértice hacia abajo) se obtiene una estrella de seis puntas, símbolo de unión entre la energía y la materia, matrimonio del que nace la armonía.

Una vez llegada aquí, me he dado cuenta de que aún no he descrito de qué consta lo que puede considerarse la estructura básica de una buena cocina: una superficie de trabajo (o una mesa) lo más amplia posible (obviamente, hasta donde nos podamos permitir); cinco fuegos, un horno, un frigorífico y un congelador, una campana extractora, un fregadero de dos senos, un lavavajillas (a pesar de que yo no lo veo necesario. Útil sí, necesario no) y alguna alacena. Entre los elementos indispensables me gustaría añadir una ventana, pero, ¡vaya por Dios!, no es así. He visitado muchas cocinas por el mundo, sobre todo de pequeños restaurantes y bistrós, que no habían visto nunca la luz del sol.

El fuego, en su primitiva forma de llama, está destinado a desaparecer de nuestras cocinas. Me encantan los viejos fogones de gas y en mi casita de Liguria seguiré utilizando fuego de verdad, pero acepto lo inevitable de su desaparición y sustitución por las placas de inducción, mucho más cómodas de limpiar y, he de admitirlo, también más seguras.

En el interior o en las cercanías de la zona del fuego se encuentran todos los ingredientes indispensables que se añaden siempre durante la cocción: sal o sales, aceite o aceites de distintos tipos, y pimienta o pimientas, según vuestro nivel de «gourmetería». Basta tenerlos en una alacena o —a falta de ella— sobre una repisa a la vista, pero bien limpia. También en este caso acordaos de una de mis reglas: agrupad por género y no acumuléis. Las sales y las pimientas deberán tener todas el mismo tipo de recipientes con etiquetas diferentes. Para los distintos aceites, mantened los envases originales, pero agrupadlos en un cesto o sobre una bandeja. También las especias deberán estar próximas al fuego porque será precisamente allí, entre una y otra prueba, donde nos daremos cuenta de que falta una pizca de cúrcuma o de curri.

Cazuelas
& company

La cazuela, para el desordenado compulsivo de los ambientes culinarios, es un poco como los zapatos para una *fashion victim*. Toda ocasión es buena para adquirir una.

Carla no cocinaba más que espaguetis y filetes para su compañero, pero tenía una sartencita para hacer los *crêpes*, la cazuelita de cobre para cocinar un caramelo perfecto, una vaporera de tres bandejas, una besuguera para pescados de dos kilos, una esparreguera de plata, ollas enormes para hacer espaguetis para doce comensales, sartenes antiadherentes que de antiadherentes no tenían ya nada, las viejas sartenes y cazuelas heredadas de su tía fallecida, una sartén castañera, una *fondue* de chocolate y otra de *bourguignonne*, una *raclette*, una plancha de sal del Himalaya para hacer la carne y la verdura, una sartencita para los huevos fritos, y alguna cosa más que no recuerdo. «Es increíble de cuánto espacio puedo disfrutar desde que he regalado toda esta batería», dice Carla tras su operación de orden. En resumen, en casi todos los seres humanos que frecuentan una cocina existe la costumbre de acumular cazuelas que ya no hacen falta, ya que bien están ajadas, bien se encuentran inmaculadas porque nunca las hicimos verdaderamente nuestras.

Si he de expresar una opinión desapasionada, a mí me encantan las sartenes de hierro, también conocidas como «lionesas». Me gustan porque es necesario domesticarlas, y luego pueden dejarse en herencia. Y, si pienso en cuántas sartenes antiadherentes he tirado al primer rasguño, estoy segura de que me habría podido permitir antes una de esas bonitas y pesadas e incluso una de las de plata* o de cobre. Las más preciadas.

Cuando hablo de «domesticarlas», me refiero, por usar un término exacto, a «acondicionarlas», es decir, a engrasarlas e introducirlas en el horno durante dos horas a 170 °C antes de utilizarlas por primera vez; o bien a cocer en ellas mondas de patata en aceite hasta que estas se doren, después de lo cual tiraréis las patatas; entonces, vuestra sartén estará en disposición de hacer los mejores huevos fritos, que resbalarán por el fondo de la sartén como si esta fuera un tobogán. Si no os he convencido añadiré que el hierro es un catalizador de la llamada reacción de Maillard, es decir, de la transformación del azúcar presente en las carnes rojas, el pescado y tantas hortalizas caramelizadas, con esa costra que tanto nos gusta. Sin duda lo ideal —si cocináis mucho y bien— sería poseer tres lionesas: una para la carne, una para las verduras y otra para el pescado. De esta manera no deberíais lavarlas, porque a las sartenes de hierro no les gusta el agua. Se frotan fuerte con sal gorda y fina y se guardan. Cada cierto tiempo se engrasan con aceite de colza y se ponen al fuego hasta que dejen de humear.

Si me pidieran que hiciera una lista del resto de cazuelas que sería oportuno tener en una cocina bien equipada, respondería que para hacer *risottos* la perfecta es la de cobre. Para hervir, lo ideal es la cazuela de acero; para dorar, en cambio, no, porque se pega todo. Para freír, lo ideal es la sartén

---

* Aunque al lector español pueda extrañarle, en Italia se comercializan tanto cazuelas como sartenes elaboradas en plata. *(N. del T.)*.

de hierro. La antiadherente es para una cocción dinámica —por ejemplo, hacer algo empanado—, pero nunca para dar consistencias cremosas. Cocinar un *risotto* en una cazuela de acero es una blasfemia. Y también es un horror intentar en ese mismo material volver cremosos unos espaguetis, porque se carbonizarán todos los ingredientes. Para ese caso, será mejor el aluminio, que mezcla los alimentos de un modo uniforme. Para el horno, el material ideal también es el aluminio, o las cazuelas con teflón pesadas y de un espesor elevado: 3-5 mm. También me encantan las cazuelas de arcilla, sobre todo para las salsas, mientras que a Claudio Sadler, el cocinero que me ha ayudado a trasformar mi pasión por la cocina en una profesión, le gustan las cazuelas de cobre, caras pero eternas. Las preferidas de Filippo La Mantia, mi amigo cocinero palermitano, son las de plata.

Pero mi tarea es haceros reflexionar sobre vuestras necesidades reales en cuestión de cazuelas e intentar que eliminéis al menos cuatro o cinco, que pongamos que es el excedente medio que he comprobado en las cocinas que he visitado.

El primer paso, indispensable, es tirar todas las cazuelas y sartenes con fondo mellado, con las asas o el mango sueltos o inflamables, con el fondo deformado. Las antiadherentes pueden usarse, pero bien pesadas y quizá revestidas de cerámica. Las de teflón me ponen nerviosa: ¿dónde van a acabar las partículas de teflón que se desprendan de ellas?

En resumen:

- Los fondos de cazuelas y sartenes deben estar siempre bien equilibrados para pegarse a la placa de cocina.
- Ojo al material: si está deformado, tiradlas.

◆ Las asas y mangos deben estar siempre bien fijos al utensilio; en caso contrario, tiradlo.

◆ Las tapas y las cazuelas deben ser de las mismas dimensiones; las que no lo sean, tiradlas.

◆ Las asas y mangos de plástico o madera evitan el problema del recalentamiento, pero no sirven para el horno. Escoged cazuelas que tengan asas que se puedan introducir en el horno.

◆ Las asas de madera no pueden lavarse en el lavavajillas.

◆ Las instrucciones de uso y limpieza no son opcionales: siempre está bien consultarlas.

Finalmente, eliminad todas las cazuelas que no uséis desde hace más de un año. La regla es: salvo que seáis consumidores semanales de un plato que precise una cazuela específica, eliminadla.

Una vez terminado el proceso de eliminación, en una cocina básica se deben tener más o menos seis instrumentos para cocinar. Para estar segura de que mi elección era acertada, he consultado a Eugenio Medagliani, que ostenta desde hace casi sesenta años el título de gurú de los equipamientos de cocina.

1. Una cazuelita de forma redonda, poco profunda y con una o dos asas. Indicada para cocinar salsas, condimentos, carnes y verduras estofadas. Si es de cobre, podréis hacer un *risotto* perfecto. Con tapa.

2. Una sartén redonda y de borde bajo, o antiadherente o de hierro, con un mango largo, de cerca de 26 cm. Ideal para saltear y freír y para hacer tortillas.

3. Una cacerola de hierro fundido más profunda que la cazuelita y con un único mango largo. Se usa para asados, carnes y verduras. Se puede terminar en ella la cocción de un pollito o de un asado. Y, queriendo, también se puede hacer polenta.
4. Una cazuela cilíndrica con dos asas de unos 5 litros de capacidad para cocer los espaguetis y la pasta de cualquier formato, y hacer sopas y potajes.
5. Una cazuelita pequeña para el té, las salsas y calentar líquidos para dos personas como máximo.
6. Una fuente para horno, habitualmente de forma rectangular, como para lasaña (también las hay de pírex).

Estamos hablando de una equipación básica, de supervivencia; no he añadido ningún otro utensilio para horno porque los hornos suelen tener una bandeja que, cubierta con papel para hornear, se convierte en una verdadera fuente. Como molde para tartas o para hacer la pizza servirá la sartén o la cazuela baja, una vez comprobado que el mango resiste a la cocción. Es por esto por lo que os he aconsejado eliminar todas las cazuelas con mangos y asas de materiales inflamables.

Y pasemos a otra dotación básica: la de los cuchillos que —digámoslo— son como los bisturís para un cirujano. En este caso, también lo dejaremos en cinco, los indispensables. Y aquí, al igual que en el caso de las cazuelas, no seáis tacaños: cazuelas y cuchillos merecen una inversión y se pueden dejar en herencia al igual que un buen reloj.

1. Un cuchillo pelador —cuchillo muy versátil, de 6 a 13 cm—. Existe también curvo. Apropiado para pelar,

cortar, mechar y decorar. Indispensable. Puede usarse también para deshuesar fácilmente carne y volatería; permite cortar y limpiar sin dañar los tejidos de la carne y penetrando a fondo. Perfecto para tareas de precisión.

2. Un cuchillo para filetear, de hoja fina, largo y flexible. Puede usarse con carne y pescado para tareas de precisión.

3. Un cuchillo de cocinero o para trinchar largo, de entre 20 y 30 cm; es el cuchillo universal apropiado para picar hierbas, cortar verduras, trinchar carne y pescado. Los puristas aconsejan usar uno para los alimentos crudos y otro para los cocidos a fin de evitar contaminaciones. Sus funciones principales son: triturar, rebanar, cortar en dados y desmenuzar.

4. Un cuchillo santoku de aproximadamente 20 cm, muy versátil y carente de punta. Perfecto para las verduras.

5. Un cuchillo dentado de tamaño medio o grande, de 18 cm en adelante, ideal para los tomates y las verduras sobre una superficie plana y, si es más largo, para cortar pan y cortezas duras.

Llegados a este punto es evidente que todo aquello que supere con mucho la dotación básica —la tolerancia en estos casos es índice de flexibilidad— debería ser o eliminado o sometido a la «prueba del mes»: si os habéis olvidado de un objeto después de que se haya quedado durante un mes en una caja del sótano, eso quiere decir que en esta fase de vuestra vida podéis prescindir de él. Y dicho esto, es fácil pasar al capítulo final de nuestra fase de purificación e impronta.

El placer de desprenderos de aquello que no os hace falta

No creo que ordenar la cocina sea vaciarla. Mi método prevé también y sobre todo los «objetos emocionales»: aquellos para los que, incluso esforzándonos, no logramos encontrar una verdadera función, pero de los cuales no podemos desprendernos. Pienso en cosas como un vaciabolsillos de cerámica de Vietri; un portafotos con las imágenes antiguas de un picnic en familia; una botella decorada por vuestro hijo; un frutero en madera de abeto; un recipiente cuadrado rebosante de cachivaches...

Y luego está el peor enemigo de ciertas cocinas (y casas): los regalos de boda de los padres o los recuerdos de celebraciones, de los que no nos atrevemos a deshacernos porque tememos la llegada imprevista del donante. En este caso, mi consejo es superar el miedo.

En general, para todo lo demás, valorad si el objeto es coherente con el resto de vuestra cocina y sobre todo si su función es decorativa o instrumental. ¿Una fabulosa colección de imanes para el frigorífico puede considerarse «desorden»? No creo. Todo objeto puede encontrar su lugar en el interior del alma de una cocina. Hasta las famosas ristras de ajos pueden, en una cocina estilo *country*, expresar la alegría del orden. Todo depende de la capacidad de un objeto de estar en armonía con la estancia que lo albergue. A veces un adorno casa bien con un diseño cautivador, y una cafetera, un robot de cocina o un cortafiambres, de líneas y colores muy cuidados, parecen casi adornos.

Cuando acabes de ordenar, sobre la encimera de la cocina no deberías tener más de tres a seis elementos. El número variará en función de la longitud o la extensión de la cocina sobre el espacio. Con respecto a esta regla soy más bien flexible, pero os recomiendo manteneros en esta horquilla. Mi categorías serían: un electrodoméstico, que puede ser un espléndido cortafiambres, un buen robot de cocina, una cafetera, un portabotellas; un elemento natural proveniente del mundo vegetal, que puede ser una planta, un jarrón de flores, un frutero con fruta o flores de temporada; otros elementos del número variable pueden ser recipientes de todo tipo.

Pero, además de los adornos a la vista, está todo lo demás: una licuadora sin tapa, una máquina para amasar el pan, mandolinas para trufas, una *raclette*, una vaporera, cinco tazas residuales de cinco servicios de café diferentes, moldes para búdines, tapones de botellas de plástico mohosas, botes de cristal sin tapa, tapetitos de encaje que sirven de bajoplatos, salvamanteles de tela chamuscados, el tenedor eléctrico que enrolla espaguetis, cortapizzas en forma de rueda o de tijeras, moldes para raviolis, la tostadora que imprime una sonrisa en una rebanada de pan de molde, la pistola de plástico para las salsas, el termómetro para la cocción de la carne (es útil, pero basta con tener uno)...

Es hora de practicar el *declutering,* que traducido significa: «desalojar», «quitar de en medio».

A la mayoría de la gente le provoca ansiedad tirar sus propias cosas. Pero tirar significa hacer espacio y hacer espacio implica estar obligado a ver las cosas con claridad en la propia vida. Recuperar el orden en nuestros espacios vitales, deshaciéndonos de lo que ya no nos hace falta, nos permite soltar un verdadero lastre material y emocional. Liberarnos de todo aquello que nos estorba en nuestros espacios vitales, e inevitablemente sobrecarga nuestros pensamientos, es útil. Si bien yo no soy tan severa como Marie Kondo, y mi cocina deja espacio a una pizca de desorden que podemos definir como «mediterráneo». Crear orden y armonía sobre todo en la cocina, que es donde custodiamos las emociones y los recuerdos, produce alegría porque hace que se alineen mente, corazón y acción.

El *declutering* es tan difícil que sobre el tema existe una abundante literatura, especialmente en los Estados Unidos, que enseña a ejecutarlo de diversas formas: tirar una cosa al día, o rellenar una bolsa de basura cada semana. Luego está la regla 12-12-12: cada mes es obligatorio tirar 12 cosas, regalar otras 12 y restituir 12 a su legítimo propietario. Porque todos tenemos este tipo de cosas en casa.

Luego está el método de las «cuatro cajas grandes», donde repartiremos: 1, objetos para conservar; 2, objetos que podrían ser puestos en venta; 3, objetos para cambiar o regalar; y 4, embalajes reciclables que pueden ser destinados a la recogida selectiva. Al final de la sesión de *declutering*, podríais replantearos la verdadera utilidad de los objetos que habéis decidido conservar y seleccionar qué podríais donar, cambiar o poner en venta.

En todos estos casos es obligatorio alejar cuanto antes mejor de nuestra vista y, por tanto, de nuestra casa, los objetos que deseamos eliminar. Para ello, es útil programar de forma anticipada la eliminación —coche preparado para el viaje de descarga; día de recogida de la basura; amigo voluntarioso con quien hemos quedado y que trasladará los objetos al almacén de la parroquia, listos para ser los protagonistas de un rastrillo benéfico...—. En resumen: sacadlo todo fuera de casa, rápido. De lo contrario solo habréis cambiado de sitio el problema.

La regla del mes
y el limbo

Volvamos a la cocina. Si no encontráis la tapa de algún recipiente, esperad un mes y, si en ese tiempo no le habéis encontrado otra función al recipiente, tiradlo. Hablo de las tapas, porque, entre todos los utensilios de la cocina, la categoría de las tapas es una de las que más sujeta está a la desaparición. Giovanna, que ha puesto en práctica esta regla, me escribe, feliz: «No me había dado cuenta de cuántos recipientes de plástico sin tapa tenía por casa —me ocupaban una alacena entera—, y entonces pensé que, al no poder taparlos, los utilizaba muy pocas veces. Y siguiendo tu consejo me quedé solo con los juegos completos; así se ha liberado mucho espacio».

La creciente moda centrada en la comida que ha invadido Occidente ha influido hasta tal punto nuestras compras que nos hemos encontrado en la cocina una gran cantidad de objetos absolutamente inútiles. Programas de televisión, series televisivas, revistas, blogs dedicados a la gastronomía que nos acribillan con información creando una serie de necesidades inducidas que nos hacen víctimas de esas tiendas abarrotadas de utensilios... También yo debía y debo mantenerme alejada de esos lugares; no tanto porque me deje condicionar por una publicidad televisiva (no la enciendo casi nunca) como por mi espíritu caballeresco de aventura. ¿Por qué no probar estos nuevos moldecitos para galletas? ¿O este nuevo abatidor de temperatura portátil? Me gustaría probarlo todo. Pero no puedo y no quiero volver a encontrarme con una cocina de pesadilla después de haberme desintoxicado. Mantengo la misma actitud que un alcohólico que entra en un bar.

A estos objetos hay que añadir además aquellos que nos han regalado o hemos heredado. Las personas que ya experimentan o han experimentado la alegría del orden me escriben: «Mi madre sigue regalándome utensilios para la cocina y mantelería. Cuando lo que a mí me gusta es cocinar un puñado de platos sencillos».

Al advertir que para muchos de nosotros resulta emocionalmente agotador tirar instrumentos de cocina que no usamos, he pensado en el «limbo».

El limbo de los objetos sería una fase intermedia, un espacio físico y temporal en el cual colocaríamos la caja grande con todos los objetos de los cuales pensábamos deshacernos.

Si después de un mes no nos hemos acordado de ellos, significa que no los necesitamos de verdad y que, por tanto, podemos definitivamente tirarlos, o reciclarlos para alguien que los aprecie.

La última etapa sería identificar a la persona apropiada a quien regalarle aquello que para nosotros es superfluo. Lo importante es decir la verdad: «Estoy intentando cambiar la organización de mi cocina y me he dado cuenta de que no necesito este exprimidor eléctrico. Pensé que te podía venir bien».

Una vez que hayáis terminado de ordenar, para estabilizar vuestro resultado, seguid dos reglas sencillas.

Regla 1: 7 minutos al día
Una vez estabilicéis vuestras áreas de referencia, es útil darle una pasada rápida cada día, incluso si no habéis cocinado. He calculado que estos son los minutos mínimos necesarios para ordenar después del desayuno. Pedidle a quien viva con vosotros que ponga en el fregadero toda la vajilla que utilice durante el día, aunque no tenga tiempo de lavarla o colocarla en su lugar.

Regla 2: la limpieza
El mismo recipiente con espray de la «poción mágica» personalizada que usasteis es también un instrumento perfecto para realizar a diario una limpieza rápida y habitual. Además de estas típicas limpiezas diarias, cada cuatro o cinco meses podéis dar luz verde a las limpiezas personalizadas con vuestra esencia preferida. Es importante que seáis vosotros quienes cumpláis este ritual, independientemente de que alguien os ayude normalmente en la limpieza de la casa.

Celebración, alegría, armonía

Trucos de chef

Si bien es verdad que los chefs, especialmente los más reconocidos, poseen cocinas de ensueño, no lo es menos que nadie mejor que un cocinero, que pasa la mitad de su vida en una cocina, puede regalarnos algunos trucos y consejos para gestionar lo mejor posible la nuestra.

De Claudio Sadler, mi maestro de cocina, he aprendido también el rigor y la limpieza. Durante sus cursos (él fue de los primeros en impartirlos en Milán), me impresionó el ritmo perfecto de sus manos. Tomaba una pinza, la usaba y la echaba al fregadero para que alguien la lavase inmediatamente. Utilizaba el aceite y lo volvía a poner en su lugar, cogía un frasquito con una mezcla secreta de especias y lo devolvía rápidamente a la repisa. Rebanaba, prensaba, distribuía ingredientes, e inmediatamente detrás de su mesa de trabajo desaparecía hasta la última miga. El ritmo tenía la cadencia de las secuencias «acción-pasada del trapo sobre la superficie de trabajo» y «utensilio-uso-al fregadero». ¿Una banalidad? Quizá. Pero os aseguro que tanto por placer como por profesión he trabajado con un número infinito de personas y esta costumbre de colocar inmediatamente aquello que se ha utilizado no está demasiado extendida. Y aún más extraña es esa de pasar un trapo sobre la superficie de trabajo después de cada operación.

Los cocineros, no sé cómo, siempre tienen a mano un paño; da la impresión de que apareciera de la nada, como un conejo de una chistera. Pero he comprendido que tener a mano muchos trapos limpios es un truco magnífico para no encontrarse una cocina que sea una pesadilla limpiar al final del día.

Los delantales deberán estar colgados cerca de donde se cocina y lo ideal sería tener siempre separados los trapos con los que os secáis las manos de aquellos con los que secáis la vajilla. Como hemos visto, la higiene es un factor esencial para mantener el orden en la cocina. ¿No os causaría un pésimo efecto ver a un cocinero que saliera de la cocina para saludaros con el uniforme lleno de manchas? Esto no es un truco y quizá podáis ponerlo ya en práctica: disponed sobre la mesa todos los ingredientes que os hagan falta antes de empezar a preparar una comida. Yo lo aprendí cuando impartía los cursos de cocina en mi ciudad. Permite darse cuenta antes de aquello que nos falta y ahorrar tiempo; así como no embadurnar el tirador de la nevera y las alacenas con las manos sucias cuando busquemos los huevos, la botella de aceite o la sal. Y, sobre todo, de esta forma no nos arriesgaremos a tener que tirarlo todo a mitad de elaboración porque nos hayamos dado cuenta de que no tenemos en casa levadura para la tarta de manzana.

Asistiendo a clases de Carlo Alberto Vailati en la cocina de Il Ridottino, en Crema, he aprendido una de las primeras medidas para ahorrar tiempo en la limpieza, válido para todos aquellos que en la cocina no tienen placas ni inducción. El truco es fácil: forrad con papel de aluminio la base de los fogones hasta la boca desde la que sale el fuego. Hacedlo cuando preveáis que vais a cocinar salsas o fritos o cocciones largas, de modo que una vez hayáis acabado será suficiente con retirar el papel de aluminio y darle una pasada al fogón.

Los chefs tienen tablas de cortar de colores distintos para cada uso. También nosotros podemos destinar tres colores a los utensilios con los que manipulamos las distintas categorías de alimentos: pescado, carne y verdura. Todo será más higiénico y práctico. Y, a propósito de distinciones, de las cocinas de los chefs envidio la posibilidad de tener, por ejemplo, dos frigoríficos, uno para la carne y otro para el pescado. Los cocineros están obligados también a separar los alimentos crudos de los cocinados; aprendamos a hacerlo igualmente nosotros a pequeña escala, usando recipientes para los alimentos crudos, aquellos de olor persistente (desde los quesos a los bulbos) y los ya cocinados, ya estén empezados o en espera de ser utilizados.

Inspirémonos también en los chefs envasándolo todo al vacío: una solución ya al alcance de todo el mundo, gracias a pequeños electrodomésticos asequibles que nos permitirán no solo preservar la higiene que reina en el frigorífico, sino también prolongar la duración de ingredientes y platos preparados.

Y por último, si es posible, no descuidéis la ergonomía. Mi amigo el chef Andrea Berton se hizo levantar todas las encimeras de la cocina cuando estaba decorando su nuevo restaurante. «Hasta hace algunos años estaba todo estandarizado, y si tenías la desgracia de medir casi dos metros, como yo, estabas obligado a trabajar diez horas al día con la espalda arqueada —me contó—. Hice levantar las superficies de trabajo unos diez centímetros; así, ni yo ni mi pandilla nos arriesgamos a acabar jorobados». Si tenéis la suerte de estar leyendo este libro al tiempo que estáis proyectando la cocina de vuestros sueños, prestad atención a la altura.

Orden en el plato

Si el orden es bello, entonces pongamos orden también en el plato. Al margen de los cocineros con estrella, yo, que siempre estoy a la caza de auténticas trattorías, me encuentro a veces con platos riquísimos pero servidos de forma horrenda: «Platos contundentes», que diría alguno en televisión. Pero, volviendo a la cocina doméstica, que es la que nos interesa, os aseguro que es bastante difícil que quien habita una cocina desordenada, de higiene incierta, y hortera en cuanto a los colores y el estilo, sea capaz de llevar a la mesa un plato con buena presencia.

La presentación de los platos toca los tres componentes claves del placer, según la definición del premio Nobel Daniel Kahneman: la expectativa, la experiencia y el recuerdo. Muchos consideran el emplatado como la guinda del pastel, como una cosa más, algo opcional; sin embargo, en lugar de ello, es fundamental en la influencia que tendrá sobre nuestra percepción del plato. Escuchemos las palabras del gran chef Pierre Gagnaire: «Necesito poner algo de poesía en mis platos. La presentación de ellos me enseña nuevas reglas de armonía y, a través de este ejercicio, encuentro una especie de paz». Poner una pizca de poesía en los platos que sirvamos no cuesta nada. Y poesía quiere decir también armonía y orden.

No hace falta devanarse los sesos ni frecuentar cursos de alta cocina para llevar a la mesa un plato ordenado. Comencemos por algunas reglas sencillas.

- Primera regla: Jamás deben mezclarse dos o tres elaboraciones en el mismo plato. Eso provoca un desorden inmediato. Evitad en especial la clásica «degustación en tres de trattoría», donde se sirven en el mismo plato tres elaboraciones distintas para evitar cambiar vajilla y cubiertos. No tengo nada en contra de las trattorías, pero el principio de cualquier *foodie* que se precie es no mezclar sabores. Y el mismo razonamiento haría delante de un heladero que me preguntara cuántos sabores quiero poner en una minúscula tarrina de 2 euros. Eso no se hace. Mejor poca comida en el plato y servirse más de una vez, en la medida en que se admita repetir.
- Segunda regla: Todo lo que se coloque en el plato debe ser comestible. ¿Se lo explicáis vosotros a esos cocineros que meten en el plato objetos y elementos de toda clase para lucirse?
- Tercera regla: Todo lo que esté colocado en el plato debe tener una razón de ser. ¿Se lo explicáis vosotros

a quien esparce perejil (indoloro, insípido y a menudo descongelado) hasta el borde de cualquier plato?

◆ Cuarta regla: Antes de llevarlo a la mesa, el plato debe limpiarse con papel de cocina de manchas de grasa o gotas de salsa. Este detalle es fundamental como gesto de atención hacia los invitados y cambia inmediatamente la estética del plato.

Pasemos a algunos casos particulares.

Muy creativo y apreciado resulta llevar a la mesa los platos con la comida ya servida. En las cenas más formales, si no podéis contar con la ayuda del personal de servicio, pedidle ayuda en la cocina a un amigo o amiga. Enseñadles cómo emplatáis uno e invitadlos a seguir la misma secuencia para los del resto de comensales.

En el caso de un gran plato único, orden y armonía se alcanzan con tres elementos: proteínas (carne, pescado o legumbres) + cereales cocidos o condimentados de forma neutra (arroz o pasta) + vitaminas (hortalizas de temporada). Estos tres elementos deben ser homogéneos en cuanto a la cantidad y variados en los colores. De esta forma no os arriesgaréis a servir un plato desordenado.

Los espaguetis, con frecuencia víctimas del «efecto contundencia», se enrollan sobre una cuchara grande en una madeja y se colocan con cuidado sobre el plato. Luego se les añade la salsa o el condimento y se procede a situar la guarnición.

La vieja composición «salsa distribuida en círculo sobre el fondo del plato + carne o pescado + acompañamiento a un lado del plato» es un clásico. Aunque ya está un poco superada, siempre es una buena sugerencia para mostrar a los invitados que estamos dando lo mejor de nosotros mismos. A este respecto, recordad que todos los alimentos sueltos del plato pueden recogerse con un molde creando inmediatamente un «efecto gourmet». Anteriormente solo circulares, los moldes pueden encontrarse ahora de todas las formas en las tiendas de artículos para el hogar. Cuando tengáis tiempo o queráis preparar una cena especial, cada vez que penséis en un plato, preguntaos: «¿Cómo podría presentarlo usando un molde?».

Si, en lugar de ello, os gusta el estilo *country chic* a lo Jamie Oliver, olvidaos de los moldes y limitaos a emplatar en vajilla de cerámica tosca y servirla en una mesa de madera sin mantel: el clásico desorden ordenado. Pero, cuidado: llevar a la mesa un plato mellado y una fuente desconchada no vale, la línea entre un estilo falsamente descuidado y una dejadez real es muy fina. Hojead cualquiera de los libros de Oliver e inspiraos.

Daos cuenta de que las nuevas tendencias de emplatado se desarrollan menos en vertical y más en horizontal. El esquema es: alimento protagonista (sea carne o pescado) en trozos salpicados de salsa y guarnición en secuencia.

La cocina y el arte japonés Kaiseki representan el modelo más antiguo de emplatado artístico. Si os gusta el estilo oriental, empezad desde ahí. La norma es quitar todo lo superfluo. Los chefs orientales seleccionan con cuidado la vajilla y los utensilios a fin de garantizar la perfecta combinación con la comida que va a servirse. También para mí este es un buen punto de partida: crear un nexo entre contenido y continente donde cada uno realce el valor del otro, en armonía. El objetivo es remitirse siempre a la naturaleza, adecuándose a la estación. Y si, como nos enseña Japón, emplatar es también un arte, vale la pena escuchar lo que nos cuenta Roberta Deiana, *food stylist*, que, además de escribir, prepara platos antes de que el disparo de un fotógrafo los inmortalice.

Pensemos en un plato como si fuera un cuadro (que es lo que se hace cuando este debe ser fotografiado para una revista). «Si en la composición de una foto o de un cuadro colocamos el elemento principal en el centro, este pierde fuerza y vuelve estática la composición. Si, en lugar de ello, se divide el espacio en tres zonas verticales y tres horizontales, y se coloca el sujeto en uno de los puntos de encuentro de las líneas, la imagen resulta mucho más dinámica y la composición más interesante. Así también, en un plato, una pequeña ruptura del esquema geométrico, una posición no exactamente central o cualquier elemento ligeramente (y fingidamente) desordenado añaden un toque de gracia y elegancia». Y añade Roberta: «Si colores, texturas y formas de un elemento son centrales en la composición, dicho elemento será más grande y ocupará una posición de mayor importancia. En caso de que haya varias piezas similares, un buen equilibrio lo da la repetición simétrica, por ejemplo tres tartares diferentes servidos en el mismo plato, tres quiches, tres tartaletas, naturalmente con un plato de forma apropiada, en este caso larga y estrecha. Recordad también el equilibrio cromático. Para los alimentos, las elecciones cromáticas deben valorarse tanto en relación con la comida en sí como en relación con el plato sobre el que serán servidos». Resulta difícil alcanzar la cima del refinamiento con un espagueti sobre un plato de cerámica decorado con flores de colores violentos. Para mí, lo mejor siempre es un fondo blanco. En el fondo, el plato es un lienzo y la comida una paleta de colores.

Y continúa la experta en comida: «La elección de las combinaciones puede también influir de forma muy fuerte en la composición. Los colores vivos resaltan, por ejemplo, sobre los tonos oscuros; el blanco se lee mejor sobre el negro y viceversa. Si el color de una comida resulta demasiado homogéneo se puede romper con elementos que contrasten, por ejemplo: el verde de una hierba aromática desmenuzada, el negro de la pimienta molida, el rojo de una pizca de pimentón. En cocina funcionan bien los contrastes marcados, mientras que el tono sobre tono, de mucha elegancia en el guardarropa, en el plato produce un efecto poco atractivo, más apagado que elegante». El modo de emplatar es tan importante que, hojeando un antiguo recetario, os daréis cuenta de cómo las imágenes de los platos declaran inmediatamente su edad. Para concluir, una vez hayáis puesto orden en el plato, si queréis añadir alguna cosa para quien lo vaya a comer, pensad que así le estaréis contando alguna cosa. Como sostiene Roberta Deiana: «No basta solo con cocinar: porque estamos en el campo de la narración más que en el de la gastronomía».

Una cocina que provoca alegría

Más que un conjunto de normas, os he indicado un camino. Hemos llegado a la cima, al tercer nivel. Y en este punto resulta útil mirar dentro de uno para entender las etapas recorridas, recuperar cualquier pensamiento recogido al inicio de este libro.

La cocina no es solo el lugar de la casa donde se prepara la comida; es el lugar de las emociones compartidas y del cambio. ¡Cuántas voces oigo en estas páginas, cuántas voces que salen de esa estancia!

«Sentados allí nos dimos el primer beso».

«¿Adivinas dónde le dije a mi marido que estaba esperando un niño?».

«Cuando pienso en la cocina de mi niñez veo constantemente a mi madre sentada cosiendo; no la recuerdo delante de los fogones, sino encorvada sobre un paño. Mientras yo estudiaba junto a la estufa. Cuando lo cuento siempre me emociono».

«Odiaba aquel lugar: cada vez que comíamos todos juntos discutía con mi padre y me marchaba dando un portazo. Incluso de adulta, cuando ya tenía una cocina solo mía, entraba lo menos posible, y al pasar delante de la puerta apretaba el paso. Ya es hora de que hagamos las paces».

«Teníamos una cocina enorme, a mí me parecía una plaza. Fue allí donde aprendí a andar en triciclo, arrollando los pies de mi madre. Viviría siempre en la cocina».

«La nevera de mi infancia apestaba a moho, odiaba abrirla; pero no me acordé de ello hasta los treinta años, al hablar con mi hermana, que tenía el mismo recuerdo olfativo».

«Una vez cumplidos los setenta, pensé que era demasiado vieja, que ya no me quedaba energía para ordenar la cocina, pero ahora me doy cuenta de que el sentimiento de opresión que me agarraba cada vez que entraba allí no era el peso de mi edad, sino el montón de objetos que había acumulado durante décadas. Me están sofocando, tengo que deshacerme de ellos; pediré ayuda a mis nietos».

«Siempre he notado una sensación de paz sentada en mi cocina. Es la única estancia de la que conservo recuerdos con mis hermanos y con el abuelo. La única que nos ha acogido siempre a todos».

Cada uno tiene sus vivencias, sus fantasmas, sus recuerdos queridos y sus tabús, pero es evidente que la cocina es una estancia donde suceden más cosas que en otras.

En este recorrido del orden de la cocina hemos atravesado tres niveles:

♦ motivación y conciencia,
♦ purificación e impronta,
♦ celebración, alegría y armonía.

MOTIVACIÓN, porque antes de nada es necesario estar convencido de querer cambiar, y CONCIENCIA de que a un verdadero cambio de la relación con nuestra cocina le sigue un cambio en las relaciones con los demás y con la propia comida.

PURIFICACIÓN, porque nuestra cocina ha de hacer tabla rasa; una limpieza total para deshacernos de las viejas convicciones junto con las viejas cazuelas; en la limpieza mental y física los objetos hacen su casa de los espacios que nosotros les confiamos. Es como la IMPRONTA para un cachorro. Si nos concentramos cada vez que destinamos un objeto a un espacio emocional, a él le pertenecerá y nosotros lo recuperaremos cada vez.

CELEBRACIÓN, en fin, de nuestra vida en una cocina que ha hecho propias todas las reglas del orden: estamos preparados para sentir la ALEGRÍA en ARMONÍA con el mundo.

El ritual de los sentidos

No os preocupéis cuando, durante uno o dos días, os deis cuenta de que vuestra cocina se sume de nuevo en el caos. No pasa nada, sois humanos. Pero, si habéis seguido el camino indicado sin tomar atajos la primera vez, encontraréis rápidamente la senda también la segunda. Ya está trazado el sendero, ya está segada la hierba. Ahora no os queda más que cumplir el último ritual, el ritual de los sentidos.

Levantaos pronto por la mañana, antes que los demás, o quedaos algunos minutos más tarde por la noche, cuando todos se hayan ido ya a la cama, y celebrad el orden cumplido y finalmente llevado a término.

Empezad por la vista: echad un vistazo panorámico y regocijaos; cada objeto está ordenado en las alacenas o sobre las baldas, salvo aquellos que muestran rastros de vuestra verdadera vida, las superficies de vuestra cocina os trasmiten calma y una sensación de belleza. La vista queda satisfecha.

Oled vuestra cocina, reconoced vuestro aceite esencial preferido, el que habéis usado para el rito de purificación, o el olor de la comida que acabáis de hornear, o el aroma de la plantita de tomillo que descansa sobre el alféizar. Alegraos de vuestro olfato.

Gozad del ondear de una cortina, del tictac de un reloj de pared, incluso del zumbido de un viejo frigorífico; o prestad atención al ruido de los alimentos que se transforman bajo vuestras manos y cuando están sometidos al calor del fuego.

Finalmente, con la punta de los dedos recorred vuestra cocina todo lo larga y ancha que sea, desflorando las superficies y materiales. El tacto queda satisfecho.

El ritual se ha cumplido. Nada os impide repetirlo cada vez que notéis una sensación de satisfacción profunda que os haga decir: «¡Qué bien me siento en esta estancia!».

Aquello que os haga felices, ya lo sabéis, es un compromiso. Vuestra cocina está ordenada *para vosotros*. Habrá quien, ante vuestra felicidad, podrá mirarla con soberbia, objetando que no la encuentra tan ordenada. Entonces, contadle este célebre *koan*.

Tres monjes observan una bandera que ondea al viento.

Uno observa: «La bandera se mueve», pero el otro le rebate: «Es el viento lo que se mueve».

Entonces dice el tercero: «Os equivocáis ambos, es vuestra mente lo que se mueve».

El sexto sentido es lo que os ha traído hasta aquí: la certeza de que surgiría un instante de alegría al final del recorrido. Es el instinto que os susurró: «Prueba a cambiar, es en la cocina donde se practican los juegos de la existencia». Habéis aprendido a desprenderos de cosas, a superar el apego a ellas; habéis aprendido a llevar algo de zen al día a día; algo que es bien recibido incluso en el mundo mediterráneo: alejarse de uno mismo para reencontrarse con uno mismo.

Este libro
se terminó de imprimir
en el mes
de abril de 2017